MARCO POLO

LANGUEDOC ROUSSILLON

CEVENNEN

MARCO P... AUTORIN

Hilke

Zwisc... ihre z... stin, 2014 ... hnet, hat s... schen den ... am Mitt... uch auf ihrem Blog „Mei...

W0278451

REIN INS ERLEBEN

Mit dem digitalen Service von MARCO POLO sind Sie noch unbeschwerter unterwegs: Auf den Erlebnistouren zielsicher von A nach B navigieren oder aktuelle Infos abrufen – das und mehr ist nur noch einen Fingertipp entfernt.

Hier geht's lang zu den digitalen Extras:

http://go.marcopolo.de/lgr

Touren-App

Ganz einfach orientieren und jederzeit wissen, wo genau Sie gerade sind: Die praktische App zu den Erlebnistouren sorgt dank Offline-Karte und Navigation dafür, dass Sie immer auf dem richtigen Weg sind. Außerdem zeigen Nummern alle empfohlenen Aktivitäten, Genuss-, Kultur- und Shoppingtipps entlang der Tour an.

HTTP://GO.MARCOPOLO.DE/LGR

Update-Service

Immer auf dem neuesten Stand in Ihrer Destination sein: Der Online-Update-Service bietet Ihnen nicht nur aktuelle Tipps und Termine, sondern auch Änderungen von Öffnungszeiten, Preisen oder anderen Angaben zu den Reiseführerinhalten. Einfach als PDF ausdrucken oder für Smartphone, Tablet oder E-Reader herunterladen.

SYMBOLE

- INSIDER TIPP Insider-Tipp
- ★ Highlight
- ●●●● Best of ...
- Schöne Aussicht
- Grün & fair: für ökologische oder faire Aspekte
- (*) kostenpflichtige Telefonnummer

PREISKATEGORIEN HOTELS

€€€	über 130 Euro
€€	85–130 Euro
€	unter 85 Euro

Die Preise gelten für zwei Personen im Doppelzimmer ohne Frühstück

PREISKATEGORIEN RESTAURANTS

€€€	über 45 Euro
€€	25–45 Euro
€	unter 25 Euro

Die Preise gelten für ein für das jeweilige Lokal typisches Abendmenü ohne Getränke

GUT ZU WISSEN

Geschichtstabelle → S. 14
Spezialitäten → S. 28
Das Monster der Cevennen → S. 92
Bücher & Filme → S. 97
Feiertage → S. 123
Leinen los! → S. 128
Was kostet wie viel? → S. 129
Wetter → S. 130

KARTEN IM BAND
(138 A1) Seitenzahlen und Koordinaten verweisen auf den Reiseatlas
(0) Ort/Adresse liegt außerhalb des Kartenausschnitts
Es sind auch die Objekte mit Koordinaten versehen, die nicht im Reiseatlas stehen

(A–B 2–3) verweist auf die herausnehmbare Faltkarte

UMSCHLAG VORN:
Die wichtigsten Highlights

UMSCHLAG HINTEN:
Karten von Carcassonne, Montpellier, Nîmes und Perpignan

Die besten MARCO POLO Insider-Tipps

Von allen Insider-Tipps finden Sie hier die 15 besten

INSIDER TIPP **Glanzvoll**
Wie am Hof von Versailles war einst das Leben im Städtchen *Pézenas* mit seinen Palästen → S. 39

INSIDER TIPP **Höhlenspaziergang**
Im *Gouffre Géant von Cabrespine* können Amateurhöhlenforscher zu einer großen Expedition samt Bootsfahrt aufbrechen → S. 118

INSIDER TIPP **Bunte Stoffsandalen**
Espadrilles sind ja so was von bequem im Sommer! Die schönsten Stoffsandalen werden in der alten Fabrik *Les Toiles du Soleil* des katalanischen Dorfs St-Laurent-de-Cerdans hergestellt → S. 30

INSIDER TIPP **Weine im Untergrund**
Die Corbières-Winzer haben einen ganz besonderen Keller für ihre 1500 Barriquefässer gefunden: den Stollen eines ehemaligen Gipsbergwerks. 80 m unter der Erde präsentiert hier die Multimediaausstellung *Terra Vinea* den regionalen Weinbau (Foto o.) → S. 72

INSIDER TIPP **Wandern und Baden**
Die *Gorges d'Héric* sind ein noch nicht überlaufenes Naturparadies, das zum Wandern und zum Baden einlädt → S. 36

INSIDER TIPP **Weine vom Hügel**
Die *Montagne de la Clape* bei Narbonne sind nicht nur Teil eines wunderschönen Naturparks. Auf den Hängen mit Sicht auf das Meer werden auch herrliche Weine angebaut → S. 72

INSIDER TIPP **Lehrreicher Pfad durch die Garrigue**
Der schöne Lehrpfad *Mémoires de Garrigue* auf dem Gelände des Pont du Gard lässt die Flora des Südens lebendig werden → S. 57

INSIDER TIPP **Markttag in Uzès**
Frankreichs erstes Fürstentum hat sich seine spröde Schönheit aus dem Mittelalter bewahrt. Quicklebendig wird Uzès samstagmorgens, wenn der *Markt* fast die gesamte Innenstadt belegt (Foto re.) → S. 89

INSIDER TIPP Natur statt Dynamit

Das Gelände der früheren Dynamitfabrik *Paulilles* bei Banyuls-sur-Mer ist zum Naturparadies geworden, mit Strand, Museum, Gästezimmern und Restaurant am Meer → S. 68

INSIDER TIPP Wandern mit Schnorchel

Am Strand von Peyrefitte präsentiert Frankreichs erster *Unterwasserlehrpfad* Neptungräser, Krustentiere und Küstenfische wie den Zackenbarsch → S. 116

INSIDER TIPP Teiche in den Bergen

Der Stausee *Lac des Bouillouses* auf 2000 m Höhe ist das Eingangstor zur wilden Landschaft der Pyrenäen. Im Sommer bringt Sie ein Shuttlebus in die unberührte Natur → S. 80

INSIDER TIPP Fast schon Spanien

Tapabars, Restaurants, Flamencoambiente und stolze Paläste: Die *Altstadtgassen von Perpignan* zeigen mit ihrem Flair, dass Spanien nicht mehr weit ist → S. 73

INSIDER TIPP Bilderbuch-Bauernhof

Catherine und Philippe Galzin waren mit ihrem *Le Merlet* im Nationalpark der Cevennen Pioniere des Ökotourismus. Vor dem gemeinsamen Abendessen gibt es den Aperitif auf der Terrasse über dem Gemüse- und Obstgarten, der die Speisekarte bestimmt → S. 106

INSIDER TIPP Auf Schleichpfaden in die Lagunenwelt

Die Petite Camargue ist mit ihren Schilfwildnissen und den Lagunen eine ganz eigene Welt. Im *Centre de Découverte de Scamandre* am gleichnamigen Étang können Sie einen Blick in die abenteuerliche Natur werfen → S. 109

INSIDER TIPP Mühle hoch überm Dorf

Das Dorf *Cucugnan* hat Autos aus seinem mittelalterlichen Kern verbannt – und ist stolz auf die restaurierte Mühle, in der heute wieder der Bäcker Brot aus Biomehl und Süßigkeiten für das kleine Café herstellt → S. 112

BEST OF ...

TOLLE ORTE ZUM NULLTARIF

Neues entdecken und den Geldbeutel schonen

SPAREN

Kunst im alten Fischkühlhaus

Früher sind in dem schlichten Gebäude am Hafen von Sète Fische eingefroren worden. Heute kommt die alte Kühlhalle als *Centre Régional d'Art Contemporain* zu neuen Ehren – erleben Sie hier gratis ein spannendes Zentrum für zeitgenössische Kunst → S. 39

Naturfestival im Nationalpark

Festival Nature heißt die unglaubliche Fülle von Ausflügen, Ausstellungen, Themenführungen, Workshops für Erwachsene oder Kinder, die der Nationalpark der Cevennen anbietet – gegen eine geringe Gebühr und viele sogar ganz umsonst → S. 89

Tierisches Leben in der größten Grünanlage der Stadt

Montpellier engagiert sich für die Artenvielfalt. Sichtbares Zeichen ist der *Zoo* mit seinen 1500 Tieren. 11 km lang sind die Entdeckungspfade und dazu ist noch der Eintritt auch noch frei – in welchem Zoo gibt es das schon?! (Foto) → S. 119

Gratiskunstgenuss in der Garrigue

In Mayronnes in den Corbières führt Sie der 5 km lange Pfad *Sentier Sculpturel* zu 18 zeitgenössischen Skulpturen von Künstlern aus ganz Frankreich. Im Sommer gibt es Konzerte und Führungen durch das Gelände → S. 73

Grenzenloses Fotofestival in ganz Perpignan

Beim *Visa pour l'Image,* einem internationalen Festival für Fotojournalismus, wird in Kapellen, Kirchen, Palästen, Theatern und selbst in Supermärkten und Boutiquen ausgestellt – alles völlig kostenlos, sogar die abendlichen Filmvorführungen → S. 123

Setzen Sie alles auf eine Karte

Konzerte, Ausstellungen und ganz, ganz viele andere Kulturveranstaltungen: Mit der kostenlosen *Cartes Blanches* erleben Sie, was das Departement Pyrénées-Orientales im Roussillon alles an Kultur und Kunst zu bieten hat → S.63

Diese Punkte zeichnen in den folgenden Kapiteln die Best-of-Hinweise aus

TYPISCH LANGUEDOC-ROUSSILLON

Das erleben Sie nur hier

● *Schippern im Schatten der Platanen*

Der 240 km lange *Canal du Midi* aus dem 16. Jh. vom Mittelmeer nach Toulouse ist ein Wunderwerk der Technik. Genießen Sie hier eine Woche auf einem Hausboot! → S. 40

● *Riesenhöhle mit Stalagmitenwald*

Überall in den Cevennen hat das Wasser Höhlen ausgewaschen. Im großen Saal des *Aven Armand* im Süden des Causse Méjean hätte locker die Pariser Kathedrale Nôtre-Dame Platz. Mit einer Zahnradbahn fahren Sie bequem in die raffiniert beleuchtete Unterwelt → S. 95

● *Die letzte Bastion der Katharer*

1255 fiel das *Château de Quéribus* als letzte Bastion der Katharer. Erobern Sie die Burg mit ihrem gotischen Gewölbe! Sie thront auf einem Felsen und eröffnet Ihnen grandiose Blicke auf die Pyrenäen und bis zum Mittelmeer → S. 77

● *Außergewöhnliche Architektur von Ricardo Bofill*

Alles ist monumental in dem Stadtviertel, das der katalanische Architekt Ricardo Bofill in Montpellier auf einem ehemaligen Militärgelände gebaut hat. In *Antigone* erleben Sie eines der städtebaulich interessantesten Stadtviertel Europas → S. 46

● *Alltagsleben und Antike*

Das *Amphitheater* von Nîmes liegt mitten in der Stadt und gehört – dank Konzerten, Kongressen oder Stierkämpfen – noch heute wie selbstverständlich zum Alltag der römischen Kolonie, die Kaiser Augustus vor über 2000 Jahren gründete (Foto) → S. 53

● *Mit der Kutsche durchs Salz*

Seit der Antike wird im Languedoc in großen Salzpfannen Meersalz gewonnen. Wie die Sauniers mit großen Rechen die Fleur du Sel gewinnen, verrät die *Salin de la Palme* bei Kutschfahrten durch die Salzgärten → S. 73

● *Genossenschaften für Biozukunft*

In den Corbières wird heute schon der größte Teil der Trauben biologisch angebaut, in den gemeinsamen Kellern der untzerschiedlichen *Cave Coopérative* verkaufen die Landwirte ihre Produkte → S. 29

TYPISCH

BEST OF ...

SCHÖN, AUCH WENN ES REGNET

Aktivitäten, die Laune machen

Rosa Farben im Bauch der Erde

1880 machte ein Schäfer auf dem Causse Noir Jagd nach einem Fuchs – und entdeckte so die *Grotte de Dargilan.* Lassen Sie sich diese Unterwelt nicht entgehen! → S. 96

Shopping in Montpellier

Wenn es denn tatsächlich mal regnet in Montpellier, dann ab in die großen Einkaufszentren wie *Polygone* (Foto) oder *Odysseum!* → S. 49

Erinnerung an einen großen Sänger

Georges Brassens prägte das französische Chanson im 20. Jh. Das *Espace Brassens* in seiner Heimatstadt Sète macht klar, warum seine Songs noch heute die Franzosen begeistern → S. 39

REGEN

Picasso und der Stierkampf

Pablo Picasso liebte das Städtchen Céret. Dem dortigen *Musée de l'Art Moderne* spendete er mehr als 50 Werke, darunter 28 mit Motiven des von ihm so geschätzten Stierkampfs → S. 67

Bonbons mit schwarzer Lakritze

Am Eingang des *Haribo-Museums* in Uzès gibt es gratis ein Tütchen für jeden, der sich auf drei Etagen für die Geheimnisse der Süßigkeiten in der über 100-jährigen Geschichte der Fabrik interessiert → S. 89

Weinprobe im Zinnenschloss

Das *Château de Grézan* ist nicht nur ein architektonischer Genuss: Bei Weinproben in seinen Mauern werden Ihnen exquisite Rot- und Weißweine serviert → S. 35

Ausflug zum Zackenbarsch

Alle Bewohner, die sich im Meeresgeschutzgebiet von Cerbère-Banyuls tummeln, präsentiert das Aquarium der *Meeresforschungsstation von Banyuls* in 40 Becken → S. 116

ENTSPANNT ZURÜCKLEHNEN

Durchatmen, genießen und verwöhnen lassen

ENTSPANNT

● ***Siesta in der Großstadt***

Der *Jardin des Plantes* in Montpellier ist der älteste botanische Garten in Frankreich – und ideale Gelegenheit, dem Großstadttrubel bei einer Siesta unter schattigen Bäumen zu entfliehen → S. 48

● ***Heißes Bad im Freien***

Ein schönes Bad mit gleich drei Außenbecken bietet das kleine Dorf Fontpédrouse in den Pyrenäen an: In den *Bains de St-Thomas* planschen Sie auf über 1000 m Höhe in warmem Thermalwasser → S. 80

● ***Gästezimmer mit Whirlpool***

Lussan gehört zu den schönsten Dörfern im Departement Gard. Wenn Sie hier Quartier im Gästehaus *Les Buis de Lussan* beziehen, entspannen Sie im Whirlpool draußen im Garten → S. 88

● ***Kanufahrt auf dem Tarn***

Lassen Sie sich von den *Schiffern von La Malène* in die Schluchten des Tarn mitnehmen auf die schönste Strecke des Flusses, der sich bis zu 500 m tief in den Kalkstein der Cevennen gegraben hat → S. 92

● ***Die Heilkraft des Meeres***

Mit Algenpackungen und vielen unterschiedlichen Massagen vertreibt Thalasso etwa im *Thalacap Catalogne* von Banyuls-sur-Mer Stress, Verspannungen und Muskelkater → S. 117

● ***Mit dem Zug in die Pyrenäen***

Lassen Sie doch einfach mal das Autos stehen und steigen Sie auf die Bahn um: Von Villefranche-de-Conflent fährt der „kleine gelbe Zug", der *Petit Train Jaune,* ins 1231 m hoch gelegene Latour-de-Carol mit herrlichen Ausblicken auf die Pyrenäengipfel → S. 79

● ***Dampfbad nach der Wanderung***

Müde Beine? Ein Besuch des Thermalbads *La Chaldette* macht Sie fit für die nächsten Ausflüge in die Gegend des Mont Lozère mit ihren unzähligen Wanderwegen → S. 117

AUFTAKT

ENTDECKEN SIE DAS LANGUEDOC-ROUSSILLON!

Strandvergnügen und Kultur, pralles Leben in quirligen Städten und wildromantische Landschaften – all das bietet das Languedoc-Roussillon. Das Freizeitangebot in den ***Badeorten am Mittelmeer*** ist riesig, auch für Kinder und Jugendliche. Im Hinterland folgen Sie den Spuren der Katharer, die beeindruckende ***Burgen und Klöster*** hinterlassen haben, oder reisen innerhalb der Festung von Carcassonne ins Mittelalter zurück. Die ***Pyrenäen und Cevennen*** bieten überwältigende Landschaften, wer's wagt, stürzt sich mit Kanu oder Kajak in die Wildwasser von Tarn, Ardèche und Aude.

Haben Sie schon mal vom „französischen Florida" gehört? Da denkt man unwillkürlich an Sonne, Sand, Palmen und sonnengebräunte Menschen in bunten Freizeitklamotten. Der Golfe du Lion zwischen der Rhônemündung und der spanischen Grenze hat genau das zu bieten: Hier reiht sich am 200 km langen Sandstrand ein Badeort an den nächsten, das Ergebnis eines groß angelegten Planspiels. Als der Staat in den 1960er-Jahren beschloss, die mückenverseuchte und als Badeplatz (fast) ungenutzte Küste des Golfe du Lion für den Tourismus zu erschließen, begann das Projekt mit einem Paukenschlag: La Grande-Motte. Die pyramidenförmig gestaffelte Ferienanlage mit allem, was dazugehört, um die Ferienideen der Zukunft

Bild: Pont du Gard

Monumentale Symmetrie: im Quartier Antigone in Montpellier

zu verwirklichen, wurde zum weltweiten Medienspektakel. Selbst heute ist die futuristische Ferienmaschine so einmalig wie bei der Entstehung. Wer hier Urlaub macht, hat eine Wahl getroffen: für Sonnenbaden und für das Meer, für **Surfen, Schnorcheln, Segeln**. Oder für zwei oder drei Wochen im Adams- und Evakostüm, etwa in der FKK-Hochburg Cap d'Agde.

Das Languedoc-Roussillon mit den Departements Gard, Lozère, Hérault, Aude und Pyrénées-Orientales ist allerdings weit mehr als nur ein „französisches Florida". Vom Rhônetal bis zu den Pyrenäen, von der Petite Camargue bis zu den einsamen Hö-

450 000 v. Chr. Der Homo erectus lebt und jagt bereits im Roussillon

2. Jh. v. Chr. Die Römer erobern das Languedoc-Roussillon

3.–5. Jh. Einwanderung der Alemannen, Wandalen und Westgoten

719 Einnahme von Narbonne durch die Sarazenen

1112 Der Graf von Barcelona wird Herr des Languedoc

1204 Der König von Aragón herrscht über Montpellier, den Gévaudan und Millau

hen der Cevennen finden Sie unterschiedlichste Landschaften, die alle einen Urlaub wert sind. Schon bei Ausflügen ins küstennahe Hinterland gibt es viel zu entdecken, von Plätzen, an denen der älteste Europäer jagte, der „Mensch von Tautavel", über einmalige ***Meisterwerke römischer Baukunst*** wie den Pont du Gard, die Arena und die Maison Carrée in Nîmes oder frühe Siedlungen wie Oppidum d'Ensérune oder so attraktive Städte wie Béziers, Montpellier, Narbonne und Perpignan. Dabei entdecken Sie dynamische, dem Fortschritt verpflichtete Regionalmetropolen: die Universitätsstadt Montpellier etwa, die ***kühne Stadtprojekte*** wie Antigone und Odysseum verwirklicht hat. Oder Perpignan, das am Schnittpunkt der Kulturen zwischen Spanien und Frankreich seine ***katalanische Tradition*** kultiviert.

Wo Architekten kühne Träume verwirklichen

Die Städte im Languedoc-Roussillon sind zum Paradies für Architekten von Weltruf geworden. Montpellier hat nach Ricardo Bofill Stars wie Jean Nouvel für das Rathaus, Zaha Hadid für die Bibliothek des Departements, Philippe Starck für das luftige Sportzentrum Le Nuage oder Sou Fujimoto für den futuristischen Wohnbaum Arbre Blanc verpflichtet. Nîmes hat sich für das Kunstmuseum in der Nachbarschaft des römischen Tempels Maison Carrée an Sir Norman Foster gewandt, der Millau eine der schönsten Autobahnbrücken der Welt beschert hat. Der Preis ist hoch, die Kommunen wie Perpignan haben sich für die architektonischen Juwele wie das Theater L'Archipel von Jean Nouvel hoch verschuldet und verlangen mit Montpellier oder Nîmes mittlerweile die höchsten Wohnsteuern in ganz Frankreich.

Im Hinterland der Küste geht es etwas ruhiger zu. Auch das *pays cathare,* das Land der Katharer, jene südfranzösischen Christen aus dem späten Mittelalter, die die katholische Kirche als Ketzer abstempelte, hat sich dem Fortschritt nicht verschlossen. Das Prinzip der ***Skywalks*** etwa, der Aussichtsplattformen mit schwindelerregendem Ausblick auf die Landschaft, wie man sie zum Beispiel vom Grand Canyon kennt, wurde für Schlösser wie Peyrepertuse übernommen. Die Besichtigung der Felsenburgen wird mit Attraktionen wie Raubvogelvorführungen garniert. Kann man es den heutigen Nachkommen der Katharer verdenken, dass sie aus dem tragischen Schicksal ihrer Altvorderen Kapital schlagen und ihre Produkte – vom Wein über Konfitüren bis Kunsthandwerk – mit diesem Etikett schmücken?

1209
Beginn des Kreuzzugs der katholischen Kirche gegen die Katharer, Eroberung von Béziers und Carcassonne

1250–1320
Die Inquisition löscht den Katharismus aus

1276–1344
Königreich von Mallorca, Hauptstadt ist Perpignan

1559–1598
Religionskrieg. Das Languedoc ist protestantisch

1659
Pyrenäenfrieden: Das Roussillon und die Cerdagne werden französisch

1666–1680
Bau des Canal du Midi

Oder locken Sie die Cevennen? Die Welt der ***einsamen Bergdörfer***, der Kastanienwälder, der halb verfallenen Bauernhöfe? Zwar hat sich die Landflucht in den letzten Jahren etwas verlangsamt und wurde so manches leer stehende Haus von Zuzüglern aus anderen französischen Regionen oder aus dem europäischen Ausland ***zum Feriendomizil umgebaut*** – doch mit nur 15 Ew./km^2 ist das Departement Lozère noch immer eines der am dünnsten besiedelten in Frankreich. Im Frühjahr beginnt die *transhumance,* der Auftrieb der Kuh- und Schafherden zu ihren Sommerweiden. Das weit verzweigte Netz der *drailles,* der seit Urzeiten von den Herden ausgetretenen Pfade, überzieht die Landschaft bis zu den Höhen des Mont Aigoual, Mont Lozère und Mont Aubrac. Doch die Cevennen sind nicht nur Höheneinsamkeit. Ebenso berühmt wie die in den Fels geschlagene Corniche des Cévennes sind die Schluchten der Gorges du Tarn. Es gibt daneben noch andere, weniger bekannte, aber genauso ***wildromantische Canyons***: die Gorges de la Jonte, Gorges de la Dourbie, Gorges de la Vis. Sie durchziehen und trennen die Causses, karge, fast baumlose Kalkhochplateaus.

Ort der Rebellion und der wildromantischen Höheneinsamkeit

Die Cevennen waren von jeher ein Ort der Rebellion: Anfang des 18. Jhs. erhoben sich hier rund 3000 protestantische Kamisarden gegen die Truppen des katholischen Königs. Der Aufstand wurde erst nach blutigen Kämpfen niedergeschlagen. Während des Zweiten Weltkriegs fanden zahlreiche Widerstandskämpfer, aber auch Flüchtlinge aus Deutschland, Unterschlupf in abgelegenen Cevennendörfern. Und in den 1980er-Jahren verwandelten Pazifisten und Atomkraftgegner das Larzac-Hochplateau in ein Protestlager gegen den geplanten Ausbau eines Militärstützpunkts. Nicht von ungefähr wählten Globalisierungsgegner, angeführt vom rebellischen Bauernführer José Bové, vor einigen Jahren diesen symbolträchtigen Ort für eine Massenkundgebung mit mehr als 200 000 Demonstranten.

Die Proteste der 1980er-Jahre haben bis heute Konsequenzen. Auf den Causses haben sich nach 1981 und dem Beschluss des damaligen Staatspräsidenten François Mitterrand, das Militärgelände nicht zu erweitern, Landwirte angesiedelt, die für Nachhaltigkeit stehen und auf ***biologischen Anbau*** setzen. Ihrem Engagement ist es zu verdanken, dass die Causses zusammen mit den Cevennen 2011 von der Unesco

1702–1704 Kamisardenaufstand, Beginn des Cevennen-Kriegs

19. Jh. Höhepunkt der Seidenraupenzucht in den Cevennen; der Maulbeerbaum löst die Kastanie als prägende Pflanze der Region ab

1963 Beginn der touristischen Erschließung der Küste

2016 Fusion zur Großregion Languedoc-Roussillon-Midi-Pyrénées unter dem Namen Occitanie (Okzitanien)

2018 Das archäologische Musée de la Romanité eröffnet in Nîmes

Geschützte Dünenwildnis mit Leuchtturm: der Traumstrand von l'Espiguette

als Welterbe eingestuft wurden: Der Titel steht für eine schützenswerte Kulturlandschaft, die durch das Zusammenspiel von Landwirtschaft und Viehzucht entstand. Seit Jahrtausenden pflegen hier die Menschen einen halbnomadischen Lebensstil, den sogenannten Agropastoralismus. Die Cevennen sind schon seit 1970 als ***französischer Nationalpark*** eingestuft, hier kreisen über den Schluchten des Tarn wieder die Geier, hier werden die einst aus Osteuropa eingeführten Przewalski-Pferde vor dem Aussterben gerettet.

Weiter südlich, nahe der Küste des Roussillon, lockt der 2784 m hohe Pic du Canigou mit Bergabenteuern katalanischer Prägung, wenn zu Johanni auf dem Gipfel ein Feuer entzündet und mit Fackeln zu Tal getragen wird. Die Bergwelt der Pyrénées-Orientales im Roussillon ist ein großartiges Ziel für alle, die ***einsame Bergnatur*** und Begegnungen mit der Bevölkerung suchen. Am Ende der Straße, die von Prades über Villefranche-de-Conflent Richtung Andorra führt, liegt die urige Bergwelt der Cerdagne, im Sommer ein Traumziel für Bergenthusiasten. Und wenn die Strände und Badeorte im Winterschlaf dösen, herrscht auf den ***Pisten der Skizentren*** in den Pyrenäen von Les Angles bis Puigmal Hochbetrieb. Nehmen Sie sich die Zeit, abseits der Touristenzentren auf Entdeckungsreise zu gehen – es lohnt sich!

Und im Winter geht es auf die Skipisten

IM TREND

1 Beachrugby

Sportlich Im weichen Sand geben die Spieler so gut sie können Vollgas. Rugby ist Trend, die Variante am Strand ist besonders angesagt. Am Strand von Gruissan *(Aviron Gruissanais Rugby | place du General Gibert)* können Sie das schnelle Spiel sehen, hier finden auch offizielle Turniere statt. Weitere Hotspots sind der Strand von *Cap d'Agde (www.capdagde.com)* und *Sérignan-Plage.* Bei der *Daunat Beach Rugby Tour (www.ffr.fr),* die auch in *Valras-Plage* Station macht, geht es ebenfalls zur Sache.

Abgefahren 2

Fahrrad Erst installierten *Montpelllier (www.tam-voyages.com), Nîmes (www.tangobus.fr)* und *Perpignan (www.bip-perpignan.fr) (Foto)* unkomplizierte Stadtradsysteme, jetzt erobern E-Bikes die Berge und Küsten. Mit ihnen geht es von Tuchan *(www.veloc-tauch-tourisme.fr)* aus zu den Katharerburgen oder auf die höchsten Gipfel der Pyrenäen: *Fred Maugery (www.bois-et-montagne.com)* liefert seine Power-Räder ans Urlaubsdomizil. Der eigene Drahtesel reist in Regionalzügen der *SNCF (www.sncf.com)* kostenlos mit.

3 Ein Traum aus Sand

Am Strand Schicke Beachlocations rauben Strandläufern die Motivation. Das *Carré Mer (chemin du Pilou | Strand von Villeneuve-lès-Maguelone | www.carre-mer.fr)* lockt mit puristischem Look und im *La Baie des Anges (esplanade Jean Baumel | La Grande-Motte)* stecken Trendsetter die Füße nur zu gerne in den Sand und genießen ein Glas Rosé. Im stylishen *Jungle Beach (Strand Richelieu-Est | Cap d'Agde | www.jungle-beach.fr) (Foto)* ist der Flirtfaktor besonders hoch.

Im Languedoc-Roussillon gibt es viel Neues zu entdecken. Das Spannendste auf diesen Seiten

Mit Franzosen schlemmen

4

Kursprogramm Bis Franzosen jemanden privat nach Hause einladen, kann es dauern. Doch mit dem Web 2.0 begann der Siegeszug der Social Communitys und Social-Sharing-Portale. Nach dem Erfolg der Vorreiter für private Unterkünfte, öffnen Websites wie *Cookening (www.cookening.com)* jetzt auch private Küchen für Fremde. Und die Franzosen machen begeistert mit: Hunderte Profi- und Hobbyköche haben sich bereits registriert und freuen sich, für Gäste zu kochen. Was es kostet hängt vom jeweiligen Menü ab und beginnt etwa bei Sonia in Montpellier mit 18 Euro für ein gemeinsames Mittagessen. Wer sich in seinem Ferienhaus bekochen lassen möchte, findet bei *La Belle Assiette (labelleassiette.de)* französische Mietköche.

Juhu, Donnerstag!

5

Shopping Im Juli und August ist der Donnerstag der schönste Tag zum Einkaufen. An den *jeudis* sind die Geschäfte etwa in *Béziers (www.beziers-in-mediterranee.com)* auf der Allée Paul Riquet bis 23 Uhr geöffnet, und unter den Platanen laden Stände zur Weinverkostung. Jazz, Tango, Salsa, Rock und Weltmusik erklingen in der Altstadt von *Nîmes (www.ot-nimes.fr/evenements) (Foto)*. Fackeln erhellen die Arenen, Spaß für Kids gibt es auf der Esplanade Charles de Gaulle, die besten Tropfen bei den Winzern der malerischen Place de l'Abbé Pierre. In *Perpignan (www.perpignantourisme.com)* wird auf der Place de la Loge die Sartana getanzt – jeder darf sich beim katalanischen Kreistanz einreihen! Feuerschlucker und Stelzenmenschen mischen sich unter die Late-Night-Shopper, die per Gratis-Shuttle-Schiff vom Parc des Expos kommen.

FAKTEN, MENSCHEN & NEWS

CANAL DU MIDI

Jean-Paul Riquet, ein Ingenieur aus Béziers, verlor im 17. Jh. sein ganzes Vermögen. Der Nachwelt aber hat er mit dem Canal du Midi ein Werk hinterlassen, das zwar nie seinen wirtschaftlichen Zweck erfüllt hat, aber für Einheimische und Touristen zur Attraktion geworden ist. 338 Bauwerke, Tunnel, Schleusen, Brücken oder Ausgleichsbecken sind zwischen 1666 und 1681 von Sète am Étang du Thau bis nach Toulouse von 12 000 Arbeitern angelegt worden. Zusammen mit dem Garonne-Seitenkanal verbindet der Canal du Midi den Atlantik mit dem Mittelmeer. Gesäumt wird er von Platanen, die im heißen Sommer des Südens Schatten spenden. Die Wasserstraße ist nicht nur ein Paradies für Hausboote, sondern mittlerweile auch für Fußgänger oder Radfahrer, die den *chemin de halage* erobert haben, den Treidelpfad, auf dem damals am Ufer Pferde die Schiffe zogen. Überall gibt es im Sommer die *guinguettes,* die kleinen, sympathischen Gastwirtschaften, die selbst die eiligsten Kapitäne zu Pausen verführen.

CAUSSES

Als Causses werden die fast menschenleeren, endlosen Hochflächen aus Kalkfels bezeichnet, die sich nordwestlich an die Cevennen anschließen: Causse Méjean, Causse de Sauveterre, Causse Noir und Causse du Larzac. Es ist eine Welt für sich, von grandioser Einsamkeit, dabei keineswegs so abweisend, wie sie auf den ersten Blick erscheinen mag. In

 Bild: Canal du Midi

Okzitanisch ist das Erbe, katalanisch die Identität: Notizen zu Sprache, Kunst und Kultur, zu Traditionen und zur Natur

die bis 1000 m hohen Causses haben Flüsse im Lauf der Jahrtausende tiefe Schluchten gegraben: Gorges du Tarn, Gorges de la Jonte, Gorges de la Dourbie. Sie sind ebenso beeindruckend wie die zahlreichen Grotten der Region, z. B. Grotte de Dargilan, Aven Armand und Abîme de Bramabiau.

CORRIDA

Stierkämpfe gibt es im Amphitheater von Nîmes und in Carcassonne – sehr zum Ärger von Tierschutzverbänden. Die Gegner der blutigen Show schlagen vor der in der dritten Augustwoche stattfindenden *corrida* in Carcassonne und Umgebung Hunderte von Plakate an, die unter der Überschrift *Corrida – la Honte* („Corrida – eine Schande") ein Ende der „perversen Spektakel" fordern. 2012 hat der französische Staatsrat einen neuen Vorstoß der Tierschützer abgeblockt und die *corrida* als verfassungskonform beurteilt. Die Stierkampffans in Nîmes, Béziers, Carcassonne, aber auch in kleinen Städten wie Céret atmen auf.

GARRIGUE

Die *garrigue* entspricht dem *maquis* oder der *macchia* in anderen Mittelmeergebieten, wächst aber im Gegensatz zu jenen auf Kalkböden. Es ist die typische Vegetation des Bas-Languedoc, von der Küstenzone bis zu den Cevennen, sowie der Corbières und des *pays cathare.* Rosmarin, Thymian und immergrüne Steineichen bilden die überwiegend buschartige, in der Sonne des Midi stark duftende *garrigue.*

KATALANISCH

Die Grenze mit Spanien ist zwar mit dem Pyrenäenfrieden 1659 zugunsten Frankreichs verschoben worden. Im Roussillon, einst Teil von Katalonien, ist die katalanische Tradition aber weiterhin zu spüren. Sie prägt die kulturelle Identität, etwa ein Drittel der Bevölkerung spricht noch Katalan im Alltag. Die katalanische Literatur wird weiter gepflegt. Das Gleiche gilt für Volksbräuche, die hier weit mehr als nur touristische Folklore sind: die *sardane* etwa, ein streng choreografischer Volkstanz, begleitet von der *cobla,* dem Orchester, oder die *passejada,* ein abendlicher Korso der Jugend in den Straßen der Städte des Roussillon.

KATHARER

Pays cathare, Katharerland, ist das Languedoc-Roussillon bis heute, obwohl dieser Glaubensrichtung nur ein relativ kurzes Leben beschieden war. Ihre Lehre („Katharer" leitet sich vom Griechischen „die Reinen" ab) gründete auf den Worten eines Jüngers von Zarathustra, der im Persien des 3. Jhs. lebte: Während die geistige Welt des Lichts und der Schönheit Gottes Reich ist, herrscht Satan in der materiellen Welt. Im 12. Jh. fasste der Katharismus im Languedoc Fuß und wurde zum ernsthaften Konkurrenten für die katholische Kirche. Da die Katharer die Welt als Werk des Teufels ansahen, lehnten sie die Sakramente der katholischen Kirche, Jesus als den Erlöser und die Heiligen ab. Sie hatten eigene Bischöfe und Diakone und unterschieden sich in Eingeweihte, sogenannte *parfaits* oder *bonshommes,* und normale Anhänger, *croyants.* Da sie zuerst in der Stadt Albi hervortraten, nannte man die Katharer auch Albigenser.

1208 rief der Papst zum Kreuzzug gegen die „Ketzer" auf. Mit beispielloser Grausamkeit wurden sie verfolgt und getötet. Bei der Einnahme von Béziers gab es kein Pardon: „Tötet sie alle, der Herr wird die Seinen erkennen", rief der Kirchenmann Arnaud Amaury aus. Unterstützt von der französischen Krone, wurde der Vormarsch der Kreuzzügler unter Führung des grausamen Simon de Montfort mehr und mehr zum Eroberungskrieg. Mit dem Fall der Katharerburgen Montségur 1244 und Quéribus 1255 war der Widerstand gebrochen. Es folgte die finstere Zeit der Inquisition, viele Katharer flohen ins Ausland.

Weites Land und eine Straße bis zum Horizont: Fahrrad fahren am Etang de Bages

LANGUE D'OC

Die Sprache, die der Region ihren Namen gegeben hat, entstand aus dem Umgangslatein und dem gallischen Sprachfundus. Der Langue d'Oc steht die Langue d'Oïl gegenüber, unterschieden durch die harte oder weiche Aussprache des „oui". Die Grenze zwischen den Sprachbereichen verlief nördlich des Massif Central. Im Mittelalter, mit den Troubadours, erlebte die Langue d'Oc, das Okzitanische, eine Blüte. Es hat in mehreren großen Dialekten in Südfrankreich überlebt. Ähnlich wie das katalanische Erbe im Roussillon ist auch das Okzitanische noch heute lebendig – rund 10 Mio. Menschen im Süden Frankreichs sprechen oder verstehen zumindest die alte Sprache.

MALEREI

Das Roussillon hat in der Malerei der Moderne eine bedeutende Rolle gespielt. In Collioure wurde mit Henri Matisse und André Derain 1905 der Fauvismus, die Malerei der *fauves,* der „Wilden", geboren; in Céret hielten sich von 1911 bis 1913 Pablo Picasso und Georges Braque auf und machten das Städtchen zu einem Mekka des Kubismus, in das im Lauf der Jahre jede Menge große Künstler pilgerten. Unter ihnen war auch Aristide Maillol, 1861 in Banyuls-sur-Mer geboren und dort 1944 auch gestorben. Der Künstler, der bei seinen Kollegen als „Cézanne der Bildhauer" galt, schuf für Céret ein in ganz Frankreich einmaliges Kriegerdenkmal: Es stellt keinen Soldaten dar, sondern eine trauernde Frau.

PAVILLON BLEU

Die Erschließung der Küsten für den Tourismus brachte eine erhebliche Umweltbelastung mit sich. Um sie im Rahmen zu halten, wurde 1985 die Aktion Pavillon Bleu d'Europe („Blaue Flagge") ins Leben gerufen. Badeorte, die das begehrte Label erhalten wollen, müssen dafür sorgen, dass die Strände und das

Wasser sauber sind, die Küste nicht wild zugebaut und der Müll vorschriftsmäßig entsorgt wird. Im Languedoc-Roussillon haben zuletzt bislang 31 Kommunen das Siegel bekommen und die Region damit zum Spitzenreiter in Frankreich gemacht. Die Blaue Flagge weht dabei nicht nur am Meer, sondern auch an Seen wie dem Lac du Salagou bei Clermont l'Hérault oder am Lac de Villefort in der Lozère.

ROMANISCHE KUNST

Abgesehen von den oberen Cevennen stößt man überall im Languedoc-Roussillon auf romanische Kirchen, Kapellen und Abteien, die oft mit wertvollen Kunstwerken – figurenreichen Kapitellen, Tympana, Kreuzgängen, Fresken oder Schmiedearbeiten – geschmückt sind. Die Romanik kam erst verhältnismäßig spät, zu Beginn des 11. Jhs., von der Lombardei ins Languedoc. Im Roussillon entwickelte sich ein sehr einheitlicher, origineller Stil, dessen reich verziertes, florales Rankenwerk mit menschlichen Figuren und phantastischen Tieren auf orientalische Wurzeln weist.

SONNENENERGIE

Mit mindestens 2400 Sonnenstunden im Jahr sind die Pyrenäen der ideale Standort für Sonnenenergie in Frankreich. Der Chemiker Félix Trombe baute schon 1949 seinen ersten Sonnenofen in Mont-Louis, der zwar heute noch funktioniert, aber nur in bescheidenem Ausmaß Keramiken emailliert oder Bronzebarren herstellt. Ein paar Kilometer weiter hat Trombe dann 1969 den viel größeren Versuchssonnenofen in Odeillo eingeweiht, der heute Forschungszentrum für französische Wissenschaftler ist. Den Schritt zum ersten Sonnenkraftwerk der Welt hat Frankreich 1983 mit der Thémis-Anlage in Targassonne mit ihrem über 100 m hohen Turm gewagt. Die erneuerbare Energie wurde aber schon 1986 auf dem Altar der Atomindustrie geopfert. Seit 2003 ist das Departement Pyrénées-Orientales dabei, das Kraftwerk auf knapp 1700 m Höhe wieder in Betrieb zu nehmen. Das Modell hat in der Vergangenheit durchaus Schule gemacht: In Spanien oder in den USA wird Sonnenenergie nach dem Thémis-Modell erzeugt.

STEVENSON, ROBERT LOUIS

Der schottische Schriftsteller Robert Louis Stevenson ist mit seiner „Schatzinsel" und der Geschichte von „Dr. Jekyll und Mr. Hyde" weltberühmt geworden. Seine literarische Karriere hat der Autor allerdings mit einem Esel begonnen. Weil seine damalige Geliebte und spätere Frau Fanny Osbourne nach Amerika reiste, um ihre Scheidung einzureichen, wollte Stevenson in der Einsamkeit des französischen Zentralmassivs zu sich kommen. Als Gefährtin auf seiner Wanderung von Le Puy-en-Velay nach nach St-Jean-du-Gard wählte er die Eselin Modestine. Sie brachte ihn in den zwei Wanderwochen zur Verzweiflung, verschaffte ihm aber das Material für sein Buch „Reise mit einem Esel durch die Cevennen". Die 220 km lange Strecke, die im Languedoc-Roussillon von Langogne über Le Bleymard, den Col de Finiels über Le Pont-de-Montvert und Florac nach Alès führt, ist heute als Wanderweg GR 70 mustergültig ausgeschildert *(www.chemin-stevenson.org)*.

TRAMONTANE UND ÉOLIENNES

Wie im Rhônetal der Mistral, bläst von den Pyrenäen der kalte Tramontane über das Roussillon – in der Region um

Perpignan durchschnittlich an 192 Tagen im Jahr. Er sorgt für frische Luft, kühlt aber oft auch das Mittelmeer ab. Dank des Tramontane hat sich das Languedoc-Roussillon zu einer Hochburg für Windenergie entwickelt. Die in mehreren Windparks gruppierten *éoliennes* (Windmühlen) produzieren fast die Hälfte der Windenergie in Frankreich.

VIA DOMITIA

Die Via Domitia, erbaut um 118 v. Chr. vom Prokonsul der Provinz Gallia Narbonensis, Gnaeus Domitius Ahenobarbus, war eine der Hauptschlagadern des Römischen Reichs. Als Militärstraße konzipiert, wurde sie schnell auch ein wichtiger Handelsweg zwischen Rhône und Pyrenäen. Befestigte Militärlager, Häfen und Städte wurden entlang der Straße erbaut. Die heutige Autobahn nach Spanien folgt auf mehreren Abschnitten fast exakt dem Verlauf der Via Domitia. In Narbonne ist vor dem Rathaus ein Teil der alten Römerstraße freigelegt. Das Comité Régional de Tourisme gibt eine detaillierte Wegbeschreibung heraus.

VIDE-GRENIER

Unter diesem Motto, das „Dachboden leeren" bedeutet, laden vor allem im Sommer zahlreiche Dörfer zu Flohmärkten ein. Die Bewohner verkaufen alte Möbel, Kleider, ausgemusterte Haushaltsgeräte und Trödel aller Art. Meist ist auch für geselliges Zusammensein gesorgt: Die Märkte werden oft von örtlichen Sportvereinen organisiert, die mit dem Verkauf von *paella*, *cassoulet* oder Grillwürstchen ihre Kasse aufbessern.

WEIN

Mit fast einem Drittel der Gesamtrebfläche ist das Languedoc Frankreichs größte Weinregion. Der Ruf, hauptsächlich billige Massenware zu produzieren, gehört für das Languedoc-Roussillon der Vergangenheit an. Seit den Achtzigerjahren wurde mehreren Weinbaugebieten im Languedoc und im Roussillon der AOC-Status (Appellation d'Origine Contrôlée) zuerkannt. Die Region erzeugt mit jährlich rund 14 Mio. hl (2015) 50 Prozent des französischen Weins und 98 Prozent der *vins doux naturels:* Muskatweine, der Wermut Noilly Prat sowie Banyuls, Maury und Rivesaltes – portweinähnliche, zumeist rote Likörweine.

Von der spanischen Grenze bis zur Rhône wird großflächig Wein angebaut

ESSEN & TRINKEN

Die Vielfalt der kulinarischen Spezialitäten des Languedoc-Roussillon verbietet es, nur von einer Küche zu sprechen.

In den Cevennen werden weltberühmte Schimmelpilzkäse wie der Roquefort (aus Schafsmilch) und der etwas mildere – und billigere – Bleu des Causses (aus Kuhmilch) hergestellt. Eine weitere Spezialität ist der Pélardon, ein kleiner, rund 60 g schwerer Ziegen-***Rohmilchkäse*** aus den Cevennen, der unter der Herkunftsbezeichnung AOC geschützt ist. Aus den zahlreichen Flüssen der Bergregion kommen *truites* (Forellen) und *écrevisses* (Krebse). Eine Forellenzucht mit dem Bioetikett gibt es im Lac de Villefort im Nordosten der Lozère. Im klaren Wasser verhindern Metallkäfige, dass die Fische Reißaus nehmen.

Eine große Rolle spielen seit jeher ***Esskastanien und Pilze***. Ohne die Kastanie hätten die Bergbewohner in Notzeiten kaum überlebt. Die *châtaigne* wird im Oktober/November gesammelt und als Beilage zu Fleischgerichten wie *garennes* (Wildkaninchen) serviert. Aus Kastanienmehl wird *pain de châtaigne* gebacken und – am besten warm – zu *foie gras* (Gänse- oder Entenstopfleber) serviert. Besonders lecker, etwa mit Quark oder Joghurt, ist süßes Kastanienpüree.

Im Languedoc profitiert die Küche vom Meer und ist insgesamt ***mediterran geprägt***. Das heißt: Kräuter wie Thymian, Rosmarin, Salbei, Estragon, Basilikum, die größtenteils wild in der kargen *garrigue* wachsen, werden zum Verfeinern der Speisen ebenso verwendet wie Oli-

Feine *fruits de mer* und deftiges *cassoulet:* Lernen Sie die Spezialitäten des Languedoc-Roussillon kennen – und lieben

venöl. Das Meer liefert (noch) eine Fülle frischer **Fische, Muscheln und Schaltiere**. *Anchois* (Sardellen) und Sardinen sind besonders beliebt. *Huîtres* (Austern) werden auf den Bänken von Bouzigues bei Sète gezüchtet. An der Küste treffen Sie immer wieder auf Verkaufsstände, an denen Sie Meeresfrüchte probieren können: *dégustation de fruits de mer.* Roh oder gekocht, mit Knoblauch und Petersilie gewürzt, isst man die *tellines,* kleine Muscheln, deren feines Fleisch köstlich schmeckt.

Fleischfreunden ist *bœuf à la gardianne* (oder *gardianne de toro*) zu empfehlen: Das Rindfleisch wird mehrere Stunden in eine Marinade mit Kräutern gelegt und dann geschmort. Ein traditionelles Gericht ist *cassoulet.* Es gibt drei Rezepte, kreiert in Toulouse, Castelnaudary und Carcassonne. Alle drei haben als Hauptbestandteil weiße Bohnen, die Unterschiede liegen in der Wahl der Zutaten. Das *cassoulet* von Castelnaudary gilt als das authentischste, vielleicht deshalb, weil in der Umgebung der Stadt die ide-

SPEZIALITÄTEN

aïoli – Knoblauchmayonnaise
aligot – Kartoffelpüree aus der Lozère, das warm mit frischem Kuhmilchkäse zu einer zähen Masse verrührt wird
anchoïade – Creme aus Sardellen, Knoblauch und Olivenöl, in die man Gemüse dippt; köstlich als Vorspeise
bouillade – Fischsuppe mit *el pa y all,* Brotscheiben, die mit Knoblauch eingerieben und mit Olivenöl beträufelt sind
bourride – Fischsuppe mit *aïoli*
brandade de morue – cremiges Stockfischpüree mit Olivenöl
braou bouffat – Wurstbrühe mit Kohl, Reis und Nudeln
cargolade – Schnecken mit Speck, Würsten, Lammkoteletts und *aïoli*
cassoulet – Bohneneintopf, mit *confit de canard,* Schweine- oder Lammfleisch viele Stunden lang in Gänsefett geschmort (Foto li.)
confit de canard/d'oie – im eigenen Fett eingemachtes Enten- bzw. Gänsefleisch
crème catalane – mit Zucker gratinierte, dickflüssige Vanillecreme (Foto re.)
escudella – katalanischer Eintopf mit Rindfleisch oder gefülltem Truthahn, Eiern und Gemüse
ouillade – Eintopf aus Kohl und anderen Gemüsen sowie Speck
perdreau à la catalane – Rebhuhn mit Tomate, Knoblauchwurst und Oliven
tapenade – feines Püree aus schwarzen Oliven, Olivenöl und Gewürzen
tielles sètoises – kleine Teigtaschen mit klein gehackten Tintenfischen, Tomaten, Zwiebeln und Knoblauch

ale weiße Bohne für das Gericht wächst. Sie ist länglich, fleischig, cremig und hat eine feine Haut, durch die das Aroma der Zutaten gut eindringen kann.

Im Roussillon ist die Küche bereits stark ***katalanisch geprägt***. Die weite Küstenebene südlich von Perpignan ist ein einziger ***Obst- und Gemüsegarten***. Man erntet die ersten Kirschen Frankreichs, die traditionell der Präsident erhält, Roussillon-Aprikosen, Artischocken und Spargel. Fisch und Meeresfrüchte spielen ebenfalls eine große Rolle.

Wie überall in Südfrankreich haben die Winzer enorme Fortschritte gemacht und setzen vermehrt auf Qualität statt auf Quantität. Aus dem ***größten Weinbaugebiet der Welt*** kommen Traditionsprodukte wie der Schaumwein Blanquette de Limoux nach einem Mönchsrezept von 1531. Damit wäre das Getränk, das zu über 90 Prozent von der Mauzac-Rebe kommt, sogar älter als der Champagner. Als *Appellation d'Origine Contrôlée (AOC)* eingestuft ist der Fitou rund um Tuchan, dem die spät reifende Mourvèdretraube Gehalt und Körper verschafft. In den Corbières, in denen noch heute die Kooperativen den Ton angeben, hat die **Umstellung auf biologischen Anbau** begonnen. Auch im Vallée de l'Agly gibt es kaum noch chemische Keulen – die alten Grenache-Rebstöcke liefern hoch prämierte Spitzenweine. Die neueren AOC-Gebiete wie Faugères, St-Chinian, Minervois oder die Costières de Nîmes am rechten Ufer der Rhône haben sich vom einfachen roten Massenwein verabschiedet und überraschen mit sorgfältig ausgebauten Tropfen selbst in Weiß. Konkurrenzlos sind in Frankreich die goldglänzenden **Muskatweine** von Rivesaltes oder Frontignan sowie die süßen und schweren Dessertwein aus Banyuls und Maury.

Das Frühstück *(petit déjeuner)* besteht in den Hotels häufig nur aus Baguette, Croissant, Pain au Chocolat, Butter und Konfitüre sowie Kaffee oder Tee. Mittags wird in Restaurants zwischen 12 und 14 Uhr das *déjeuner* serviert, meist ein Menü aus drei Gängen. Das Abendessen *(dîner)* fällt in die Zeit zwischen 19 und 22 Uhr. Mit den Wartezeiten zwischen den Gängen dauert es selten weniger als eineinhalb bis zwei Stunden. Wenn Sie à la carte bestellen, müssen Sie bei gleicher Anzahl von Gängen mit einem um mindestens 30 Prozent höheren Endpreis rechnen als bei einem Menü. Allerdings können Sie ohne Weiteres auch nur eine Vorspeise und ein Hauptgericht wählen. Viele Restaurants, auch teure Schlemmerlokale, bieten **mittags preisgünstige Tagesgerichte** *(plat du jour)* an. Unter den Labels „Bistrot de Pays" *(www.bistrotdepays.com)* haben sich kleine Restaurants zusammengeschlossen, die Wert auf **typische Regionalküche zu günstigen Preisen** legen. In der Stadt und in den großen Badeorten steht Ihnen die ganze gastronomische Palette zur Verfügung, neben dem Restaurant die Crêperie, das Bistro, die Brasserie, außerdem Fastfoodlokale und Pizzerien.

Darf beim Frühstück auf keinen Fall fehlen: das Croissant

In Frankreich ist es üblich, dass die Bedienung den Gästen einen Tisch zuweist, wobei Sie natürlich eigene Wünsche äußern können. Telefonische Tischbestellung empfiehlt sich vor allem abends. Der Service ist im Preis enthalten, man lässt aber je nach Zufriedenheit einen Betrag von ca. fünf bis zehn Prozent als Trinkgeld auf dem Tisch liegen. Einzeln zu zahlen, ist unüblich – die Rechnung wird pro Tisch ausgestellt.

EINKAUFEN

Kulinarisches, traditionelles Kunsthandwerk oder edle Weine – bei der Suche nach einem Mitbringsel haben Sie die Qual der Wahl. Und in den Einkaufsstraßen von Montpellier, Narbonne oder Perpignan konzentrieren sich schicke Modeboutiquen und Designerläden mit Wohnaccessoires. Die Öffnungszeiten sind nicht einheitlich geregelt. Wochentags sind die meisten Läden von 9 bis 12.30 und von 14 bis 19 Uhr geöffnet. Einige Geschäfte sowie Supermärkte sind oft durchgehend und meist auch am Sonntagvormittag geöffnet. Dafür ist besonders in kleinen Orten der Montag für den Einzelhandel Ruhetag. In der Ferienzeit wird von dieser Regel öfters abgewichen.

ESPADRILLES

Flach oder hochhackig, mit farbenfrohen Streifen, Blümchenmuster oder Strass: Die traditionelle katalanische Stoffsandale erlebt ein Comeback. Zumeist kommt das leichte Schuhwerk aus China und anderen Billigimportländern. Die schönsten und buntesten Schuhe werden wie im 19. Jh. wieder in St-Laurent-de-Cerdans im Süden von Arles-sur-Tech an der spanischen Grenze hergestellt. **INSIDER TIPP** *Les Toiles du Soleil (Tel. 04 68 39 50 02 | www.toiles-du-soleil.com)* haben die alte Tradition der katalanischen Stoffherstellung in der Fabrik des Orts wiederaufgenommen und produzieren aus Baumwolle und Leinen nicht nur Schuhe, sondern auch Tischtücher oder Vorhänge für das Ladengeschäft *Maison Quinta (3, rue Grande des Fabriqués)* in Perpignan.

KUNSTHANDWERK

In den Fremdenverkehrsorten und den Zentren von Montpellier, Perpignan, Narbonne oder Carcassonne gibt es viele kleine Läden, die Kunsthandwerk anbieten: schöne Töpferwaren, originellen Schmuck, handgeflochtene Körbe, Stoffe mit traditionellen provenzalischen oder katalanischen Mustern und dergleichen.

MÄRKTE

Über den Wochenmarkt in einem der Städtchen und Dörfer zu bummeln, ist immer ein Vergnügen. Hier finden sich all die Produkte, denen die französische Küche ihren guten Ruf verdankt. Kleine Produzenten mit wenigen Produkten sind besonders zu empfehlen, denn sie

Kulinaria und Kunsthandwerk: Vom provenzalischen Norden bis zum katalanischen Süden gibt es ein vielfältiges Angebot

beziehen ihr Gemüse, Geflügel oder den Käse garantiert nicht über den Großhandel. Das gilt auch für Spezialitäten wie verschiedene Honigsorten, den Edelpilzkäse Bleu des Causses, Gewürze, eingemachte Esskastanien, Wurstwaren und die Weine der Region. Hier findet man zuweilen auch ein Souvenir, sei es ein geflochtener Korb, Keramikwaren oder anderes regionales Kunsthandwerk. In der Hochsaison finden in den Badeorten täglich Märkte statt. Beliebt sind auch die Handwerksmärkte, die abends zum Teil bis Mitternacht abgehalten werden.

MUSIK

Die große Popularität des katalanischen Volkstanzes *sardane* hat dazu geführt, dass die dazugehörigen Orchester, die *coblas,* über die Grenzen des Languedoc-Roussillon hinaus bekannt geworden sind. Von ihrer hinreißenden Musik sind zahlreiche CDs auf dem Markt, etwa von der großartigen *Cobla Millenaria* oder der *Cobla Perpinya* („Les plus belles années sardanes").

SUPERMÄRKTE

Für den (Familien-)Großeinkauf sind die riesigen Supermärkte *(hypermarchés)* an den Stadträndern perfekt. Das Sortiment an günstigen Markenartikeln ist im Allgemeinen sehr groß und meist findet man in den Regalen auch regionale Produkte.

WEIN

Zum Weinkauf laden zahllose *caves* (Kellereien), *coopératives* und *viticulteurs* (Winzer) ein. Liebhaber folgen den Weinrouten von den Costières de Nîmes über die Coteaux du Languedoc bis hinunter nach Banyuls. Besondere Mitbringsel sind die in schöne Flaschen gefüllten *vins doux naturels,* also natursüße Weine wie der Muscat de Rivesaltes oder der rote, süße Banyuls. Besonders günstig ist Wein im *vrac*, im Schlauch mit Zapfhahn.

LANGUEDOC

Das Languedoc hat historisch gesehen keine fest umrissenen Grenzen. Als Land des Oc, der alten okzitanischen Sprache, erstreckt es sich vom Rhônetal bis zur Garonne bei Toulouse.

Die Hauptschlagader des modernen Verkehrs, die Autobahn La Languedocienne, folgt entlang der Küste der über 2000 Jahre alten römischen Via Domitia, die das Reich mit der Iberischen Halbinsel verband. Mit La Grande-Motte, dem Paradebeispiel einer futuristischen Ferienstadt am Meer, und anderen Badeplätzen aus der Retorte wurde dieser Küstenstrich mit seinen kilometerlangen Sandstränden für den Massentourismus erschlossen. Entdeckungen machen Sie im Hinterland, in den Dörfern der *garrigue* bei Nîmes, im Parc Naturel Régional du Haut-Languedoc mit seinen Schluchten und Bergen nördlich von Béziers und in der Montagne Noire bei Carcassonne.

BÉZIERS

(140 B4) (*🕮 E8*) **Die Stadt (75 000 Ew.) sucht ihren Platz zwischen Vergangenheit und Zukunft – und ist daher ein spannendes Ziel.**

Die alte Steinbrücke über den Orb und die wuchtige Kathedrale auf einem Felsvorsprung über dem Fluss stehen für die Vergangenheit. Aber Béziers, die Hauptstadt des Languedoc-Weins und Station am Canal du Midi, öffnet sich mit dem Quartier Latin rund um die moderne Mediathek an der place du 14 Juillet vorsich-

 Bild: Pont Vieux de Béziers

Altes Kulturland: Weinberge und 2000 Jahre Zivilisation zwischen Nîmes, Montpellier, Narbonne und Carcassonne

tig für die Zukunft. Das Zentrum der Stadt sind die schattigen allées Paul-Riquet, mit seinen Cafés und Restaurants sicher der schönste Platanenkorso in der Region, der nur in den Zeiten der Stierkampf-Feria seine beschauliche Ruhe verliert.

SEHENSWERTES

KATHEDRALE ST-NAZAIRE

Der wehrhafte Bau mit seinen wuchtigen Türmen stammt aus dem 12. bis 14. Jh. Die schöne Fensterrose in der Westfassade misst 10 m im Durchmesser. Das Innere hat Elemente aus verschiedenen Epochen: einen Chor mit Fresken des 14. Jhs., einen Barockaltar und eine reich verzierte Orgel des 17. Jhs. Von der Terrasse im *Jardin des Évêques* bei der Kirche haben Sie einen schönen Ausblick.

LO CIRDÒC

Im Quartier Latin ist die Mediathek des *Centre Inter-Régional de Développement de l'Òccitan* eine der wichtigsten Fundgruben für alles, was okzitanische

Wildschafe als Kletterkünstler: Mufflons im Naturpark Haut-Languedoc

Sprache und Kultur angeht. Regelmäßige Sonderausstellungen. *Mo/Di, Do/Fr 10–18, Mi 10–13 Uhr | 1, boulevard Du-Guesclin | www.locirdoc.fr*

MUSÉE DES BEAUX-ARTS

Das Kunstmuseum ist in zwei Bürgerhäusern, dem *Hôtel Fayet (9, rue du Capus)* und dem *Hôtel Fabrégat (place de la Révolution)*, untergebracht. Dank Schenkungen, unter anderem von Widerstandskämpfer Jean Moulin, bietet es einen guten Überblick über die Kunstgeschichte seit dem 16. Jh. *Juli/Aug. Di–So 10–18, Sept.–Juni Di–So 9–17 Uhr | 3 Euro*

MUSÉE DU BITERROIS

In der Kaserne St-Jacques von 1702 kommen die Sammlungen von Funden der Region aus verschiedenen Epochen ausgezeichnet zur Geltung: darunter griechische Amphoren, Töpferwaren, Keramiken und der *Trésor de Béziers*, drei große, ziselierte Silberteller aus dem 1./2. Jh. *Sommer tgl. 10–18, sonst Di–So 10–17 Uhr | rampe du 96ème | 3 Euro*

ESSEN & TRINKEN

LA RAFFINERIE

Auf der einladenden Terrasse der ehemaligen Schwefelraffinerie am Canal du Midi wird eine kreative, mediterran geprägte Küche serviert. *Sa-Mittag und So geschl., nur Mai–Sept. | 14, avenue Joseph-Lazare | Tel. 04 67 76 07 12 | €€*

ÜBERNACHTEN

HÔTEL DES POÈTES

Im Herzen der Stadt, gegenüber dem romantischen Parc des Poètes, 14 geschmackvoll eingerichtete Zimmer. Gratisverleih von Fahrrädern an Hotelgäste. *80, allées Paul Riquet | Tel. 04 67 76 38 66 | www.hoteldespoetes.net | €*

AUSKUNFT

1, boulevard Wilson | Tel. 04 67 76 20 20 | de.beziers-mediterranee.com

ZIELE IN DER UMGEBUNG

ABBAYE DE FONTCAUDE
(140 A4) (*🕮 D8*)

Die einst bedeutende, 1154 gegründete Abtei 18 km nordwestlich wurde in den Religionskriegen zerstört. Erhalten sind Teile der Kirche, des Kreuzgangs und des Kapitelsaals. *Führungen Juli/Aug. tgl. 10–19, Juni, Sept. 10–12 und 14.30–19, Okt.–Mai Mo–Sa 10–12 und 14.30–17.30, So 14.30–17.30 Uhr | 4,50 Euro | abbaye-de-fontcaude.com*

ÉCLUSES DE FONSÉRANES
(140 B4–5) (*🕮 E8*)

Auf der Nationalstraße N 9 Richtung Narbonne gelangen Sie nach ungefähr 4 km zu den *Neuf Écluses*, den neun Schleusen am Canal du Midi, die als großartige, 312 m lange Treppe einen Höhenunterschied von 25 m ausgleichen. Heute ist eine parallele, neuere Schleuse in Dienst.

OPPIDUM D'ENSÉRUNE
(140 B4–5) (*🕮 E8*)

Die frühgeschichtliche Stadtanlage (ab 6. Jh. v. Chr.) liegt 12 km südwestlich von Béziers auf einem 120 m hohen Hügel, von dem Sie einen schönen Rundblick über die Umgebung haben. Ausgrabungen brachten Grundmauern von Häusern und der Stadtmauer zu Tage, in einem *Museum* können Sie zahlreiche Fundstücke wie Haushaltsgeräte, Kultgegenstände, Waffen, Geld usw. besichtigen. *Mai–Aug. tgl. 10–19, April, Sept. Di–So 10–12.30 und 14–18, Okt.–März 9.30–12.30 und 14–17.30 Uhr | 5,50 Euro | enserune.fr*

PARC NATUREL RÉGIONAL DU HAUT-LANGUEDOC ★
(143 D–F1) (*🕮 C–D7*)

Wunderschöne Dörfer, herrliche Wanderungen, Thermalbad mit Operettenfestival, kräftige Weine in Faugères oder tolle Badeseen: Das Naturschutzgebiet in den beiden Departements Hérault und Tarn zeigt im Norden von Béziers alle Facetten des Hinterlands.

Am Rand des Gebiets liegen an der D 909 die Winzerdörfer *Autignac* und *Laurens* im Weinbaugebiet Faugères. Das INSIDER TIPP *Château de Grézan (So geschl. | Laurens | Tel. 04 67 90 27 46 | www.chateau-grezan.fr)*, das Weinproben organisiert, haben Rémi Fardel und

MARCO POLO HIGHLIGHTS

★ **Parc Naturel Régional du Haut-Languedoc**
Bergseen und Wälder im Reich der Mufflons → S. 35

★ **La Cité in Carcassonne**
Die Mauern und Türme der Mittelalterstadt → S. 40

★ **St-Guilhem-le-Désert**
Bergdorf in herrlicher Lage → S. 51

★ **Nîmes**
Südlich-temperamentvolles Leben vor römischer Baukunst → S. 52

★ **Pont du Gard**
Der Aquädukt wird im Sommer phantasievoll illuminiert → S. 57

★ **Musée Fabre in Montpellier**
Französische und europäische Malerei vom 16. bis 20. Jh. – das Glanzlicht unter den Museen der Stadt → S. 47

Jean-Louis Pujol zu einem der interessantesten Güter im Languedoc gemacht. Im Schloss mit seiner zinnenbewehrten Festungsmauer vermietet Marie-France Lanson zwei große Gästezimmer und eine Suite *(Tel. 04 67 90 28 03 | www.grezan.com | €€€).*

Über Faugères und Hérépian geht es nach *Lamalou-les-Bains (lamalou-les-bains.fr).* Der sympathische Thermalort (2500 Ew.) mit seinen 15 Quellen richtet nicht nur im Sommer ein Operettenfestival aus, sondern erinnert mit seinem Kasino und seinen Villen aus der Belle Époque tatsächlich an die Kulissen für das alte Musiktheater. Von Lamalou ist es nur ein Katzensprung nach *Olargues* (600 Ew.), das mit seiner steinernen Teufelsbrücke *(pont du diable)* über den Orb und seinem Glockenturm aus dem 12. Jh. zu den schönsten Dörfern Frankreichs zählt.

Keine 10 km im Osten ist das Doppeldorf *Mons-La-Trivalle* ein guter Ausgangspunkt für eine Wanderung in den INSIDER TIPP *Gorges d'Héric*. Vom kostenpflichtigen Parkplatz geht es in 2,5 Stunden 5 km entlang den Schluchten eines Bachs mit Wasserfällen und Badebecken hinauf zum Weiler Héric auf 511 m. Geübte Wanderer gehen weiter zum Gipfel des Caroux (1037 m), brauchen aber mindestens die doppelte Zeit bis zur Aussichtsplattform mit Blick auf die Pyrenäen.

Wasserratten zieht es im Naturpark an die beiden Stauseen von *Le Salvetat-sur-Agout* (im Nordwesten, im Departement Tarn) oder in Richtung Clermont-l'Hérault an den *Lac du Salagou (www.le-salagou.fr)* mit seiner Stand-Up-Paddling-Station und der atemraubenden Landschaft aus roten Felsen, Vulkangestein und Wasser. *www.parc-haut-languedoc.fr*

VALRAS-PLAGE (140 B5) *(E8)*

Der nette Badeort (4500 Ew.) 10 km südlich von Béziers ist besonders kinderfreundlich. Auf 4 km Länge erstreckt sich der feine, bewachte Sandstrand, der täglich gesäubert wird, ein Tummelplatz für Burgenbauer, Strandgymnastik und Beachvolleyball. Im Osten, am linken Ufer des Orb, liegt eine ursprüngliche, INSIDER TIPP geschützte Küstenstrecke mit Dünen und einem unbewachten Strand. Auskunft: *place René Cassin | Tel. 04 67 32 36 04 | www.ville-valrasplage.fr*

CAP D'AGDE

(140 C5) *(E8)* **Dem von den Griechen gegründeten Agde erbaute Jean Le Couteur 1970 eine Strandstadt (25 000 Ew.), sehr schön gelegen an Sandstränden, die sich über 14 km erstrecken.**

In einem künstlichen Binnensee mit Zugang zum Meer wurden acht Yachthäfen und mehrere Inseln angelegt, eingerahmt von pastellfarbenen, niedrigen Häusern im Stil des Languedoc. Das *Village Naturiste Héliopolis* ist das weltgrößte Zentrum für FKK. In den letzten Jahren entwickelte sich der Badeort zu einer Hochburg der Swinger.

SEHENSWERTES

AQUARIUM

Allerlei Meeresbewohner wimmeln in den 30 Becken des Aquariums, darunter Muränen und Haie. *Juli/Aug. tgl. 10–21, Juni, Sept. 10–19, Okt.–Mai tgl. 14–18 Uhr | 11, rue des Deux Frères | 7,80 Euro | www.aquarium-agde.com*

FORT DE BRESCOU

Zu dem im 17. Jh. nach Plänen des französischen Festungsbaumeisters Sébastien de Vauban auf einer Vulkaninsel errichteten kleinen Fort pendeln *Boote (April–Sept. | Ticket 7,50 Euro | www.transcapcroisieres.com)* von Cap d'Agde und Grau d'Agde.

Der Abend kommt: Arbeitsbeginn für die Leuchttürme an den Stränden von Cap d'Agde

MONT ST-LOUP

Von dem 113 m hohen Vulkanberg haben Sie eine prächtige Aussicht auf Cap d'Agde, die Küste und den Étang de Thau.

MUSÉE DE L'EPHÈBE

Das einzige Museum an der französischen Mittelmeerküste, das sich archäologischen Funden aus dem Meer, aus Seen oder auch Flüssen widmet. Prunkstück ist die Bronzestatue eines schönen griechischen Jünglings, die 1964 aus dem Fluss Hérault geborgen wurde. *Juli/Aug. tgl. 10–18, Sept.–Juni Mo–Fr 10–12 u. 14–18, Sa/So 9–12 u. 14–17 Uhr | Mas de la Clape | 5 Euro*

ESSEN & TRINKEN

LA JETÉE

Eine Institution im Hafen für alle, die Fisch und Meerestiere auf dem Teller lieben. Angenehmer, aufmerksamer Service. *Mo geschl. | quai St-Martin | Tel. 04 67 26 78 17* | €€

EINKAUFEN

Von Mitte Juni bis September finden in Cap d'Agde große Märkte statt: auf der *Mail de Rochelongue (Mo)*, am *Avant-Port (Di-Morgen)*, auf der *place du Barbecue (Mi-Morgen)*, auf dem *Parking du Gévaudan (Sa-Morgen)* und ein Trödelmarkt am *quai de la Trinquette (So-Morgen)*.

SPORT & STRÄNDE

BADEN

Zu den feinen, 14 km langen Sandstränden führen Fußwege *(ramblas)*. Am meisten Betrieb herrscht an der *Plage du Mole*. Die *Plage Richelieu* ist der größte Strand, die *Plage de la Grande Conche* unterhalb der Klippen *(falaises)* besteht aus schwarzem Sand. Surfbrett- und Tretboot-Verleih, Kinderspielplätze, Duschen und WC.

BOOTSVERLEIH

Außer Jollen und Katamarane können Sie ohne Bootsführerschein Motorboote mieten und auf einer Tagestour übers Meer bis nach Grau d'Agde, den Fluss Hérault bis nach Agde und weiter auf dem Canal du Midi und zu den Austernbänken im Bassin de Thau schippern. *Loca Sud | 4, quai de la Trirème | Tagespreis ab 180 Euro | Tel. 04 67 94 04 52 | www.bleumarine-plaisance.com*

INSIDER TIPP SCHNORCHELN
Ein besonderes Erlebnis sind Schnorchelausflüge entlang der Vulkanklippen auf dem *Sentier Sous-Marin,* am besten mit Führung, im Sommer ab dem Aquarium. Auskunft beim Umweltschutzverband *Société de Protection de la Nature | Plage de la Grande Conque | Tel. 04 67 01 60 23)* und beim *Office du Tourisme.*

AM ABEND

Auf der *Île de Loisirs* in der Wasserwelt der Binnenhäfen finden sich neben Restaurants und Bars das Kasino, Diskotheken, Kinos und der *Luna Park (tgl. ab 20.30 Uhr)* mit vielen Attraktionen.

ÜBERNACHTEN

Die Auswahl ist riesig bei mehr als 180 000 Betten in Hotels, Ferienhäusern und -wohnungen sowie *résidences de tourisme.* Campingfreunde wählen die schönen Plätze im benachbarten Grau d'Agde.

AZUR
Das kleine, moderne Hotel mit Schwimmbad und Gratisparkplatz liegt günstig nur ein paar Schritte vom Strand entfernt. *34 Zi. | 18, avenue des Îles d'Amérique | Tel. 04 67 26 98 22 | www.hotelazur.com |* €€

LES GRENADINES
Das komfortable Hotel liegt ruhig nahe der Plage Richelieu: geräumige Zimmer mit Balkon, Swimmingpool. *20 Zi. | Plage*

Südfranzösische Sommerstimmung am Place Gambetta in Pézenas

Richelieu Ouest | Tel. 04 67 26 27 40 | www.hotelgrenadines.com | €€–€€€

AUSKUNFT

Bulle d'Accueil | rond-point du Bon Accueil | Tel. 04 67 01 04 04 | www.capdagde.com

ZIELE IN DER UMGEBUNG

AGDE (140 C5) (*🕮 E8*)

Von der Brücke an der Einmündung des Canal du Midi in den Hérault hat man den besten Blick auf das 5 km landeinwärts gelegene Städtchen (25 500 Ew.), das seinen Namen der griechischen Glücksgöttin Agathe Tyche verdankt. Mediterrane Helligkeit fehlt allerdings: Die Häuser sind aus Lavastein gebaut, wie auch die Kathedrale *St-Étienne* (12. Jh.). Das *Musée Agathois (Juni–Sept. tgl. 9.30–18.30, Okt.–Mai Mi–Mo 9–12 und 14–18 Uhr | 5, rue de la Fraternité | 4,70 Euro)* informiert über die Geschichte der um 500 v. Chr. von griechischen Seefahrern gegründeten Stadt. Lohnend ist ein Bummel durch die Altstadt mit ihren verwinkelten Gassen und schönen Bürgerhäusern aus dem 16.–18. Jh. Ein beliebter Treffpunkt ist die *Casa Pépe (tgl. | 29, rue Jean Roger | Tel. 04 67 21 17 67 | €–€€)*. Die 350 Winzer der Kooperativen von Agde und Marseillan haben sich zu den *Caves Richemer* zusammengeschlossen. In ihrer Kellerei direkt am Kai *(So | 1, rue du Progrés | Marseillan | Tel. 04 67 94 25 25 | www.richemer.de; Verkaufsstelle in Agde: So, Jan.–April So/Mo | 2, boulevard du Soleil)* laden sie zu Verkostung und Winzerspaziergängen.

INSIDER TIPP **PÉZENAS** (140 C4) (*🕮 E8*)

Das Städtchen (8200 Ew.) 25 km nordwestlich von Cap d'Agde trug einst den Beinamen „Versailles du Languedoc", weil der Prinz Conti hier ab 1660 Adlige, Künstler und Schriftsteller an seinem Hof versammelte, darunter einen gewissen Jean-Baptiste Poquelin, genannt Molière. Stadtpaläste wie das *Hôtel de Malibran, Hôtel de Wicque, Hôtel de Lacoste* oder *Hôtel d'Alfonce* erinnern an die Glanzzeit von Pézenas. Preisgünstige Regionalküche mit einem exotischen Touch serviert das *Le Palmier (Sommer tgl. | 10, rue Mercière | Tel. 04 67 09 42 56 | €–€€)*.

SÈTE (140 C4) (*🕮 F8*)

Trotz seiner Industrie- und Hafenanlagen ist Sète (45 000 Ew., 23 km nordöstlich) einen Besuch wert. Bunt und mediterran präsentiert sich die Häuserfront am *Canal de Sète*. Sète ist der größte französische Fischereihafen und zweitwichtigster Handelshafen am Mittelmeer.

Zwei sehenswerte Museen sind den berühmten Söhnen der Stadt gewidmet, den Literatur- und Chansongrößen Paul Valéry (1871–1945) und Georges Brassens (1921–1981). Das ● *Espace Georges Brassens (Juni–Sept. tgl. 10–18, Okt.–Mai Di–So 10–12 und 14–18 Uhr | 67, boulevard Camille Blanc | 5,60 Euro | www.espace-brassens.fr)* zeichnet das Leben des streitbaren Chansonsängers nach. Das *Musée Paul Valéry (April–Okt. tgl. 9.30–19, Nov.–März Di–So 10–18 Uhr | rue François Desnoyer | 8 Euro | www.museepaulvalery-sete.fr)* beherbergt die Kunstsammlung des Dichters, bietet hochkarätige Sonderausstellungen und jeden Sommer Dutzende von Kulturveranstaltungen. Sehenswert sind zudem zwei weitere Museen: das ● *Centre Régional d'Art Contemporain CRAC (Mo, Mi–Fr 12.30–19, Sa/So 15–20 Uhr | 26, quai Aspirant-Héber | Eintritt frei | crac.languedocroussillon.fr)*, das in einer früheren Kühlhalle für Fische außergewöhnliche Ausstellungen zeitgenössischer Kunst zeigt, und das *Musée International des Arts Modestes MIAM (April–Sept. tgl.*

9.30–19, Okt.–März Di–So 10–12 und 14–18 Uhr | 23, quai du Maréchal-de-Lattre-de-Tassigny | 5,50 Euro | www.miam.org), das kleine, bescheidene Objekte von Hervé Di Rosa und Bernard Belluc in einer sehr originellen Inszenierung zeigt. Über die promenade de la Corniche und die avenue du Tennis kommen Sie auf den *Mont St-Clair* und zum *Parc Panoramique* mit Spazierwegen und Orientierungstafel. Als bestes Fischrestaurant gilt *La Palangrotte (Juli/Aug. tgl., Sept.–Juni Mi-Abend, So-Abend und Mo geschl. | quai de la Marine | Tel. 04 67 74 80 35 | €€)*.
An den Chansonnier Brassens erinnern INSIDER TIPP *Les Amis de Georges* bei *dîner*-Konzerten in ihrem Kabarett-Restaurant *(So/Mo geschl. | 38, rue Maurice Clavel | Tel. 04 99 04 72 33 | lesamisdegeorges.com | €)*.

CARCASSONNE

KARTE IM HINTEREN UMSCHLAG
(143 D2–3) (*C8*) In der Cité mit ihren 52 Türmen, die zum Unesco-Welterbe zählt, leben vielleicht 100 Menschen. Carcassonne (50 000 Ew.) gehört mit der Festung aus dem Mittelalter und als Hafenstation am Canal du Midi zu den meistbesuchten Orten Frankreichs.

Die Cité wird von einem doppelten Ring aus 1700 bzw. 1300 m langen Mauern umschlossen, dahinter mittelalterliche Häuser in verwinkelten Gassen mit Souvenirläden, Restaurants, Cafés, Hotels und stimmungsvollen Plätzen *(Führungen im Sommer)*. Besonders beeindruckend sind die mittelalterlichen Ritterspiele in der Cité *(Juli/Aug.)*. Die *Ville Basse* auf der anderen Seite des Flusses Aude, wurde unter Ludwig dem Heiligen als schachbrettartig angelegte Bastide erbaut. Auf der Place Carnot findet der Markt statt *(Di, Do, Sa)*.

SEHENSWERTES

CANAL DU MIDI

Carcassonne ist eine der wichtigsten Stationen am 240 km langen Canal du Midi vom Mittelmeer nach Toulouse und hat einen der größten Häfen *(Carcassonne Croisières | April-Okt. ab 10.30 Uhr, 90 Min., 8,50 Euro | Tel. 06 80 47 54 33 | carcassonne-navigationcroisiere.com)* und Hausbootverleih *(z. B. Les Canalous: 15, quai Riquet | Hochsaison ab 1100 Euro/Woche für 2 Pers., 4 Pers. ab 1400 Euro, Nebensaison erheblich günstiger | Tel. 03 85 53 76 74 | www.canalous-canaldumidi.com)*

LA CITÉ ★

Man betritt die mittelalterliche *Cité* am besten durch den Haupteingang, die *Porte Narbonnaise* (Ende 13. Jh.). Sie wird von zwei Türmen flankiert, im rechten liegt in einem schönen Saal das Touristenbüro. Machen Sie im *Château Comtal (April–Sept. tgl. 10–18.30, Okt.–März 9.30–17 Uhr | 8,50 Euro | remparts-carcassonne.fr)* am Ende der rue Cros-Mayrevieille, wo die Trencavels, Vizegrafen von Béziers und Carcassonne wohnten, eine der 40-minütigen Führungen mit. Neben den Türmen *Tour de la Justice, Tour de l'Inquisition* und *Tour Carrée de l'Évêque* westlich des Château steht die *Basilique St-Nazaire.* Vom ersten Bau, geweiht 1096, ist das Schiff erhalten.

MUSÉE DES BEAUX-ARTS

Gemälde flämischer und holländischer Meister des 17./18. Jhs. und eine schöne Fayencesammlung. *Mitte Juni–Mitte Sept. tgl. 10–18, Okt.–Mai Di–Sa 10–12 und 14–18 Uhr | Ville Basse 1 | rue de Verdun | Eintritt frei*

Wie spät ist es eigentlich? Mittelalter! Zeitreise in der Cité von Carcassonne

ESSEN & TRINKEN

LE CLOS DES FRAMBOISIERS

In der *Ville Basse,* hinter der Bahnlinie, unweit vom Hafen des Canal du Midi. Bei schönem Wetter können Sie im Garten essen, am Rand eines Pools. Solide Regionalküche mit frischen Saisonprodukten, freundlicher Service. Reservieren! *Sa-Mittag und So/Mo geschl. | 68, rue des Framboisiers | Tel. 04 68 47 41 17 |* €€

AU COMTE ROGER

Eine der besten Küchen der Stadt in der Cité. Kleine Karte mit frischen Zutaten, schattige Terrasse im Sommer, Restaurantsaal ohne Schnörkel und Kitsch. *So/Mo geschl. | 14, rue St-Louis | Tel. 04 68 11 93 40 | www.comteroger.com |* €€

SPORT & FREIZEIT

LAC DE LA CAVAYÈRE

Der Stausee 10 km im Südosten von Carcassonne ist das Naherholungsgebiet für die Stadt. Im Sommer gibt es drei überwachte Strände, Wassersportmöglichkeiten und in herrlicher Landschaft Bouleplatz, Beachvolleyball- und Minigolfanlage. *Eintritt frei*

ÜBERNACHTEN

HÔTEL DE LA CITÉ

Eines der schönsten Hotels in Südfrankreich hat nach den neuen französischen Kriterien fünf Sterne bekommen. Es liegt mitten in der Cité und bietet 47 Zimmer und 13 Suiten mit allem Komfort, zum Teil eigenem Gartenanteil, dazu das Gourmetrestaurant *La Barbacane* (€€€). *place Auguste-Pierre Pont | Tel. 04 68 71 98 71 | www.hoteldelacite.fr |* €€€

LE TRAOUPET

Sehr schön eingerichtete, großzügige Zimmer in einem renovierten ehemaligen Bauernhof mit großem Park und Schwimmbad. Brigitte und Philippe Meyer geben wertvolle Tipps für Ausflü-

Rausgeputzt und zugeklappt: Sonnenschirme, die auf Gäste warten, in La Grande-Motte

ge in die Region. Hörbar ist allerdings die nahe Umgehungsstraße, die in fünf Minuten zur Cité oder in die Innenstadt führt. *5 Zi. | 150, route de Villemoustaussou | Tel. 04 68 47 19 15 | www.letraoupet.com | €€*

AUSKUNFT

28, avenue de Verdun | Tel. 04 68 10 24 30 | www.carcassonne-tourisme.com

ZIELE IN DER UMGEBUNG

CHÂTEAUX DE LASTOURS (143 D2) (*🕮 C8*)

Fast gespenstisch ist der Anblick der vier dicht beieinander stehenden Burgruinen 18 km nördlich vor dem Hintergrund der kargen Montagne Noire. Beim Kreuzzug gegen die Katharer konnte Simon de Montfort die Burgen nicht einnehmen. Die beste Aussicht bietet sich vom *Belvédère de Montfermier (2 Euro)*. Fahren Sie aus dem Dorf Lastours Richtung Salsigne und auf der Höhe rechts ab. *Juli/Aug. tgl. 9–20, April–Juni, Sept. 10–18 Uhr | 6 Euro | chateauxdelastours.fr*

MINERVE (143 E2) (*🕮 D8*)

Das besonders schöne und entsprechend viel besuchte Dorf hat der Weinregion Minervois ihren Namen gegeben. Es liegt am Südrand der Montagne Noire, am Flüsschen Cesse, etwa 50 km nordöstlich von Carcassonne.

In der *Église St-Étienne* (9. Jh.) steht ein Altar aus weißem Marmor von 456, der älteste bekannte in Europa. Das *Musée de Paléontologie et d'Archéologie(April–Sept. tgl. 10.30–12.45 und 14–18 Uhr | place du Monument aux Morts | 3 Euro)* besitzt eine bedeutende Fossiliensammlung. Versäumen Sie auf den Spuren der Katharer nicht, im *Musée Hurepel (April–Sept. tgl. 10.30–12.45 und 14–18 Uhr | 5, rue des Martyrs | 3 Euro)* vorbeizuschauen: In Figurinen ist das Epos der Katharer dargestellt. Ein hübscher Spaziergang

führt um den Ort, zur Ruine des *Château* und zu den *ponts naturels,* wo die Cesse sich imposante Tunnel in den Kalkfels gegraben hat.
Gute Regionalküche bekommen Sie im *Relais Chantovent (5 Zi. | So-Abend, Di-Abend und Mi geschl. | 17, grand'rue | Tel. 04 68 91 14 18 | www.relaischantovent-minerve.fr | €–€€)* mit Blick auf die Cesse. Auskunft: *9, rue des Martyrs | Tel. 04 68 91 81 43 | www.minervois-tourisme.fr*

LA GRANDE-MOTTE

(141 E3) (*G7*) Diese von den Pyramiden der Azteken inspirierte Feriengroßstadt kann an die 100 000 Urlauber aufnehmen.

Der Bau wurde 1966 begonnen und zwei Jahre später für die ersten Touristen eröffnet. Bis heute wird weitergebaut. An alles ist gedacht: Yachthafen, Wassersporteinrichtungen aller Art, Golf- und Tennisplatz, Thalassotherapie, Einkaufszentrum, Post usw. Zwar dominiert hier die Hochhausarchitektur, dahinter liegen aber auch Villen im provenzalischen Stil mit Innenhöfen. In die Kunststadt wurde viel Beton gegossen, doch auch an Grünflächen dachten die Planer: Im Lauf der Jahre wurden 195 ha öffentliche Parks angelegt und mehr als 28 000 Bäume gepflanzt. Rund 20 km Spazier- und Radwege führen in jeden Winkel des Orts. Wer will, kann das Auto den ganzen Urlaub über stehen lassen.

ESSEN & TRINKEN

ALEXANDRE

Mit Blick auf den Hafen und das Meer genießen Sie saisonale Küche in Topqualität. Mittagsmenü mit Vorspeisenbüfett und Grillgerichten. *Mo geschl. | 345, esplanade Maurice Justin | Tel. 04 67 56 63 63 | www.alexandre-restaurant.com | €€–€€€*

L'ESTRAMBORD

Von der schönen Terrasse, auf der frische und innovative Mittelmeerküche mit viel Fisch und Gemüse serviert wird, blicken Sie beim Essen auf den Hafen. Wochentags stehen günstige Tagesgerichte auf der Speisekarte. *Tgl. | 34, quai Pompidou | Tel. 04 67 56 50 50 | €–€€*

SPORT & STRÄNDE

LE GRAND BLEU

Action und Entspannung: Der Aquapark bietet fünf Schwimmbecken, Riesenrutsche, Sauna, Whirlpool und Ruheliegen. *Mo–Fr 10–20, Sa/So 10–19 Uhr | 195, avenue St-Louis | 12,60, Zehnerkarte 68,40 Euro*

STRÄNDE

Zu beiden Seiten der Hafeneinfahrt erstrecken sich die feinsandigen, breiten Strandabschnitte von *Motte du Levant* und *Motte du Couchant.* Der Strand wird täglich gesäubert, die Wasserqualität laufend überprüft. Auf 7 km verteilen sich 15 Dusch-/WC-Anlagen.

AM ABEND

Das abendliche Fest- und Unterhaltungsprogramm im Juli und August ist gespickt mit Veranstaltungen, bei denen Sänger und Tänzer der Opéra Bastille de Paris, der Wiener Staatsoper und internationale Künstler beim Jazzfestival auftreten. Im Kasino rollt bis 4 Uhr früh die Kugel, vier Diskotheken stehen zur Wahl, z. B. *Le Zanzibar Club (place de l'Épi)* wo Salsa und Samba gespielt werden.

ÜBERNACHTEN

LES CORALLINES

Komfortabel und direkt am Meer, mit Kurzentrum. Das Restaurant serviert schmackhafte Mittelmeerküche. *39 Zi., 3 Suiten | Point Zéro | Tel. 04 67 29 13 13 | www.thalasso-grandemotte.com* | €€€

HÔTEL DE LA PLAGE

Der Strand liegt vor der Tür, das Stadtzentrum zehn Gehminuten entfernt. Jedes der 39 komfortablen Zimmer hat einen Balkon mit Meerblick, manche sind behindertengerecht. Im Sommer mit eigenem Restaurant (€€) und Wellnessbereich, in dem Bioprodukte verwendet werden. *allée du Levant | Tel. 04 67 29 93 00 | www.hp-lagrandemotte.fr* | €€€

AUSKUNFT

place du 1er Octobre | Tel. 04 67 56 42 00 | www.ot-lagrandemotte.fr

ZIELE IN DER UMGEBUNG

AIGUES-MORTES (141 E3) (*G7*)

Die Stadt (8400 Ew.) der „toten Wasser" liegt als überdimensionales mittelalterliches Fort 5 km östlich von La Grande-Motte in der flachen Küstenlandschaft. Das Mauerviereck von 550 × 300 m, befestigt mit 14 Türmen, ist mit schachbrettartig angelegten Straßen und dichten Häuserreihen gefüllt, so wie es ab 1240 von König Ludwig IX., dem „Heiligen", geplant und als Basis der Kreuzzüge gebaut wurde.

Der größte Turm, die *Tour Constance,* war der erste Bau. Berühmt und berüchtigt ist er als Gefängnis. Im Lauf der Jahrhunderte schmachteten hinter den 6 m dicken Mauern alle möglichen Gefangenen: Templer, Hugenotten und politisch Missliebige. 22 schöne Zimmer und ein angenehmes Restaurant hat das *St-Louis (10, rue de l'Amiral-Coubert | Tel. 04 66 53 72 68 | www.lesaintlouis.fr | €–€€).*

Der alte Leuchtturm in Le Grau-du-Roi schaut gelassen auf Europas größten Yachthafen

LE GRAU-DU-ROI (141 E3–4) *(🗺 G7)*
6 km südwestlich liegt der Badeort Le Grau-du-Roi (6000 Ew.), daneben der größte Yachthafen Europas, *Port-Camargue,* mit rund 5000 Liegeplätzen und auf künstlichen Inseln errichteten Ferienhäusern. Trotz des sommerlichen Badebetriebs hat sich der alte Ort seinen Charme bewahrt: Pittoreske Häuser stehen in schmalen Gassen, und wenn im Fischerhafen der Fang angelandet wird, ist das ein buntes Spektakel. Sehenswert ist das Meeresaquarium *Seaquarium (Sommer tgl. 9.30–23.30, sonst 9.30–19.30 Uhr | 13,90 Euro | www.seaquarium.fr)* mit Haien und exotischen Fischen.

Der Sandstrand ist weitgehend naturbelassen und erstreckt sich über rund 18 km von Boucanet bis zum urwüchsigen, geschützten INSIDER TIPP Dünengebiet von L'Espiguette. Man kann bis zum einsamen Leuchtturm fahren und dort parken. Auf dem Weg dorthin liegt die INSIDER TIPP *Maison Méditerranéenne (Sommer tgl. 9.30–12.30 und 14.30–18.30 Uhr | 3430, route de l'Espiguette | www.maisondesvins-lespiguette.com),* die Weine, Lebensmittel zum Teil aus biologischem Anbau und Kunsthandwerk aus der Region anbietet.

Zum Übernachten empfiehlt sich das Hotel *Oustau Camarguen (3, route des Marines | Tel. 04 66 51 51 65 | www.oustaucamarguen.com | €€€)* im Yachthafen Port-Camargue mit 31 liebevoll eingerichteten Zimmern und acht Suiten. Im dazugehörigen Restaurant gibt es gute Regionalgerichte. Wer es exklusiv schätzt, ist im Komforthotel *Le Spinaker (pointe de la Presqu'Île | Port-Camargue | Tel. 04 66 53 36 37 | www.spinaker.com | €€€)* mit seinen 21 originell eingerichteten Zimmern und vier Suiten gut aufgehoben. Dazu gehören ein schöner Pool und der Feinschmeckertempel *Carré des Gourmets.*

MONTPELLIER

KARTE IM HINTEREN UMSCHLAG
(141 D3) *(🗺 F7)* **Die Hauptstadt (Metropolregion 450 000 Ew.) des Hérault steckt voller Überraschungen.**
Gleich bei der Einfahrt über die mehrspurigen Verkehrsachsen, die von der Autobahn in die Stadt führen, liegt das Stadtviertel Antigone. In seinem postmodernen Stilgemisch aus griechischen und klassizistischen Elementen spiegelt sich symbolhaft der beispiellose Aufschwung der Stadt seit den 1960er-Jahren. Der dynamischen Wirtschaft, aber auch seinem Flair verdankt Montpellier seine Anziehungskraft: Es ist seit Jahren die französische Stadt mit der am schnellsten wachsenden Einwohnerzahl. So zog die Metropole viele Hightech-Unternehmen an, baute die Satellitenstadt *La Paillade* (25 000 Ew.), in der sich die Architektin Zaha Hadid mit einem futuristischen

WOHIN ZUERST?
Der zentrale Platz am Südrand der historischen Altstadt, die **Place de la Comédie,** ist idealer Ausgangspunkt für Besichtigungstouren. Parken Sie am besten im Parkhaus Comédie oder im Parkhaus Corum am anderen Ende der Esplanade. Montpellier hat ein hervorragendes Straßenbahnnetz mit vier Linien *(Einzelfahrt 1,50 Euro, Tageskarte 4 Euro).* Für Tagesbesucher gibt es neun Park-&-Tram-Plätze wie *Circé* im Stadtteil Odysseum *(4,60 Euro inkl. Ticket für Tramway).* 55 Stationen gehören zum Stadtradnetz *Velomagg (nur mit EC- oder Kreditkarte | 30 Min. 0,50 Euro | tam-voyages.com).*

Archiv- und Bibliotheksbau verewigt hat, verpflichtete Philippe Starck für den transparent-luftigen Fitnesskomplex *Le Nuage* (Die Wolke) und ließ ihre Straßenbahnen von Designern einkleiden.

Um Zugang zum Meer (mit dem begehrten Zusatz „sur Mer") zu erhalten und Hafenstadt zu werden, rief Montpellier die *Ode à la Mer* ins Leben, das nächste Stadtentwicklungsprojekt im Süden. Auf 250 ha will der Katalane Jos Galan entlang der Tramlinie 3 bis 2019 seine „intelligente Ökocity" Richtung Küste errichten: mit Wohnungen, Büros, Sportpark und riesigem Einkaufszentrum. Trotz dieser mitunter als größenwahnsinnig apostrophierten Bauvorhaben gibt es noch das andere Montpellier: eine malerische, autofreie Altstadt mit Adelspalästen und Patrizierhäusern, das alte Universitätsviertel, belebte Plätze mit Terrassencafés, eine großstädtische Hotel- und Restaurantszene, erstklassige Museen und ein anspruchsvolles Kulturleben. Außerdem liegt Montpellier nur rund 12 km vom Meer entfernt, wo Palavas-les-Flots, Carnon-Plage oder La Grande-Motte alle Wassersportmöglichkeiten bieten.

SEHENSWERTES

ALTSTADT (ÉCUSSON)

Autofrei und idyllisch sind die Gassen und Plätze der Altstadt mit trendigen Boutiquen und Traditionsgeschäften wie *Pinto (14, rue de l'Argenterie | Tel. 0467605765 | pinto.fr)*, dem Feinkosttempel von Gérard Pinto mit Spezialitäten aus Montpellier und Umland. Mehr als 50 Kirchen und Kapellen sowie 80 Stadtpalais *(hôtel particuliers)* mit schmucken Sandsteinfassaden, hohen Stuckdecken und kühlen Innenhöfen verstecken sich im Labyrinth der Gassen. Prachtbauten sind das *Hôtel de Varennes (2, place Pétrarque)*, Sitz des *Musée du Vieux Montpellier*, das *Hôtel des Trésoriers de la Bourse (4, rue des Trésoriers de la Bourse)*, das *Hôtel Jacques Cœur (7, rue Jacques Cœur)* und das *Hôtel Saint-Côme (place Saint-Come)*.

ANTIGONE

Mit Antigone entwarf der Katalane Ricardo Bofill für Bürgermeister Georges Frêche, der von 1977 bis 2004 Montpellier umkrempelte, auf 400 000 m² ein Stadtviertel der Zukunft. Trotz aller Gigantomanie hat der Katalane einen städtischen Lebensraum geschaffen, der mit seinen Grünanlagen und Fußgängerzonen nicht erdrückend wirkt, sondern den Menschen Raum zum Leben lässt. Selbst die Sozialwohnungen sind hier Monumentalbauten, das Schwimmbad hat olympische Maße, und die zentrale Achse des Viertels mit Parkanlagen und Brunnen, die durch die Markthallen Halles Jacques Cœur, Cafés und Restaurants belebt wurde, ist mit 1800 m fast so lang wie die Champs-Elysées von Paris.

CATHÉDRALE ST-PIERRE

Der festungsartige gotische Bau überstand als einzige Kirche der Stadt die Revolution. Beachten Sie den eigenartigen, hoch gewölbten Vorhallenbaldachin. Eher romanisch, da einschiffig, wirkt das Innere der Kirche. *Mo–Fr 9–12 und 14.30–19 Uhr*

KUNST VON HEUTE

Die neogotische St.-Annen-Kirche, 1986 entweiht, zeigt heute als **INSIDER TIPP** Carré Sainte-Anne wechselnde Ausstellungen zeitgenössischer Kunst *(Di–So 10–13 und 14–17 Uhr | 2, rue Philippy | Eintritt frei | facebook.com/CarreSainte AnneMontpellier)*. Wo einst angehende Mediziner wie François Rabelais Anatomie paukten, arbeiten heute moderne Künstler in *La Panacée*, einem Zentrum für zeitgenössische Kunst mit Studios,

Ausstellungsräumen und Wohnungen für *artists in residence (Mi–Sa 12–20, So 10–18 Uhr | 14, rue de l'École de Pharmacie | Eintritt frei | lapanacee.org)*, das im November Gastgeber der Kunstmesse *Drawing Room (drawingroom.fr)* ist.

MUSÉE ATGER

Das kleine Museum ist eine Sensation: Hier sind Hunderte von Zeichnungen der größten Künstler des 16.–18. Jhs. ausgestellt – von Rubens bis Brueghel. *Mo, Mi, Fr 13.30–17.45 Uhr | 2, rue de l'École de Médecine | Eintritt frei*

MUSÉE FABRE ★

Das Prunkstück unter den Museen der Stadt gilt als eine der beeindruckendsten Sammlungen französischer und europäischer Malerei des 16.–18. Jhs. Der *parcours contemporain* und eine Multimediagalerie zeigen aber auch die wichtigsten Strömungen des 20. Jhs. – verpassen Sie nicht die Werke von Pierre Soulages, die im neuen Gebäudeteil in einem extra eingerichteten, riesigen Raum gezeigt werden! Daniel Buren hat den Eingang zum Kunsttempel mit einer Bodenskulptur gestaltet, in einem Flügel des Museums haben die Gebrüder Pourcel das Bistro *Insensé (So-Abend und Mo-Abend geschl. | Tel. 04 67 58 97 78 | €–€€)* mit schöner Terrasse eingerichtet. *Di–So 10–18 Uhr | 39, boulevard Bonne-Nouvelle 7 | Sonderausstellungen 10 Euro | museefabre.montpellier3m.fr*

ODE À LA MER

Der Fluss Lez ist die neue Stadtentwicklungsachse gen Süden. Am östlichen Ufer hat Christian de Portzamparc die Gartenstadt *Jardins de la Lironde* geschaffen. Die Kaderschmiede für den Hotel- und Gastronomienachwuchs, das *Lycée Georges Frêche* von Massimiliano Fuksas, zeigt mit seinen eleganten Lini-

Und zur Abwechslung etwas Kunst: Säulenhalle im Musée Fabre

en, wie Zweckgebäude im 21. Jh. aussehen können. *Bistro und Ausbildungshotel (Öffnungszeiten s. Website | 401, rue le Titien | Tel. 04 67 13 05 05 | lyceehotelier georgesfreche.fr | €–€€)* sind für Gäste geöffnet und überraschend gut und günstig. Der Bau ist Bindeglied zum Einkaufszentrum und Vergnügungspark *Odysseum* weiter östlich, in dem sich wieder die Architekten ausgetobt haben. Südlich folgt am linken Ufer das *Universitätsviertel Richter*. Hier errichtet seit 2015 der japanische Architekt Sou Fujimoto eine der 12 *Folies,* ausgefallenen Architekturikonen, mit denen Montpellier das Gesicht der Metropole prägen will: einen *Arbre Blanc* (weißer Baum), 50 m hoch, mit Wohnungen auf 17 Etagen, Galerie

Mon dieu, Montpellier, deine Place de la Comédie ist echt eindrucksvoll

für zeitgenössische Kunst und Panoramabar auf der Spitze. Am rechten Ufer des Lez entdecken Sie schon den zwölfgeschossigen Prachtbau, den Jean Nouvel und sein Partner François Fontès für die Stadt geschaffen haben: Das 2011 eingeweihte Rathaus mit seiner Aluminiumfassade in Blautönen ist das Herzstück des neuen Viertels *Port Marianne*.

PLACE DE LA COMÉDIE

Der zentrale, autofreie Platz verbindet die Altstadt mit den neueren Vierteln, ist Treffpunkt mit sonnigen Terrassencafés an der Westseite, Kino und Bühne des städtischen Lebens. Vor der Fassade des Theaters (19. Jh.) steht die *Fontaine des Trois Grâces*. Nördlich geht der Platz in die weitläufige, platanenbestandene Esplanade über. Am oberen Ende steht der futuristische Komplex des *Corum* von Claude Vasconi aus Beton und finnischem Granit für Kongresse und Ausstellungen. Großartig ist das klassizistische Opernhaus *(Opéra Berlioz)* mit 2000 Plätzen.

PROMENADE ROYALE DU PEYROU

Die terrassierte Parkanlage am Westrand der Altstadt, die sich sonntags in einen Trödelmarkt verwandelt, entstand im 17./18. Jh. Am Eingang steht ein Triumphbogen, dahinter die Reiterstatue Ludwigs XIV. von Jean Giral, am anderen Ende ein Wasserturm *(Château d'Eau)*. Das Wasser wird 14 km weit herangeführt, zuletzt über einen 800 m langen Aquädukt. Das Gelände zwischen dem Platz und dem 1593 eingeweihten und damit INSIDER TIPP ältesten botanischen Garten Frankreichs (● *Jardin des Plantes | Di–So 12–18, Hochsommer bis 20 Uhr | Eintritt frei)* hat der Amerikaner Richard Meier gestaltet. Wenige Schritte vom königlichen Paradeplatz präsentiert das *Hôtel Haguenot (Jan.–Juli, Sept.–Dez. nach Terminabsprache:*

Tel. 04 67 92 25 62 | 3, rue Clapiés | 7 Euro | hotelhaguenot.fr) großbürgerliche Wohnkultur des 18. Jhs.

SERRE AMAZONIENNE

Das Amazonas-Haus des Zoos ist Frankreichs größtes Tropenhaus. Die 500 Tiere – Anancondas, Affen, Tukane, Piranhas – präsentiert ein 300 m langer Rundgang durch den südamerikanischen Regenwald. *April–Sept. tgl. 9.30–18.30, Okt. 9.30–18, Nov.–März 9.30–17 Uhr | 50, avenue Agropolis | Tel. 04 67 54 45 23 | 6,50 Euro | zoo.montpellier.fr*

ESSEN & TRINKEN

ÅNGA

Ånga heißt auf Schwedisch „Dampf", und der Dampfgarer kommt bei Cyril Garcia, Arthur Lahmy und Pierre Quatrefage bei der Zubereitung von lokalen Zutaten oft zum Einsatz. *Di geschl. | 19, rue du Palais des Guilhem | Tel. 04 67 60 61 65 | www.facebook.com/restaurant.anga* | €

INSIDER TIPP LES CAVES DE TRINQUE FOUGASSE

Vor dem Essen gibt es erst eine Weinprobe. Sie wählen unter 600 Sorten den Tropfen aus, den Sie am Tisch trinken möchten und erwerben ihn in der Boutique des Restaurants. Die Mahlzeit wird auf einem Holzbrett *(planche)* serviert, auf dem z. B. eine *brandade de morue*, Entenbrust, frittierte Tintenfische *(supions)*, Tatar, Salat, ein Stück Pélardon-Käse und hausgemachter Orangenkuchen in Schälchen präsentiert werden. Das Restaurant *(So geschl. | rue de la Galata | Tel. 04 99 23 27 05 | €–€€)* liegt am Wasserbassin im Neubauviertel Port-Marianne, im Stammhaus *(So geschl. | 1581, route de Mende | Tel. 04 99 23 27 00)* gibt's am Wochenende Livekonzerte zu günstigen Preisen. *www.trinquefougasse.com* | €

LA TABLE D'OTT

In Paris, New York und Moskau stand Nicolas Ott am Herd, ehe er in Montpellier mit 34 Jahren sein erstes Restaurant eröffnete – und sofort die Herzen der Einheimischen mit seiner klaren, genussvollen Küche eroberte. Menüs 24,50–50 Euro, reservieren! *Mo, Sa-/So-Mittag geschl. | 4, rue du Puits des Esquilles | Tel. 04 67 58 97 42 | table-ott.fr* | €€

EINKAUFEN

Quer durch die historische Innenstadt zieht sich die elegante *rue Foch* mit ihren Geschäften bis zur *place des Martyrs-de-la-Résistance*. Die weiter zur place de la Comédie führende *rue de la Loge* (Fußgängerstraße) ist die eigentliche Einkaufsstraße von Montpellier und traditionell die Adresse der Goldschmiede. In der Altstadt gibt es mit *Pommes de Reinette (33, rue de l'Aguillerie)* einen der schönsten Spielzeugläden der Region. Alle großen Markengeschäfte sind in den riesigen ● Einkaufszentren *Polygone* oder *Odysseum* vertreten. Ein Erlebnis sind die täglichen Märkte (z. B. in den Hallen Castellane im Zentrum) für Lebensmittel oder der *Biomarkt* samstagmorgens auf der place des Arceaux im Westen der place Royale du Peyrou.

FREIZEIT & SPORT

ODYSSEUM

In dem riesigen Freizeitkomplex finden Sie unter anderem das mit modernster Technik ausgestattete *Planetarium Galilée (Mi, Sa, So 14.30–20.30 Uhr | 6,30 Euro | www.planetarium-galilee.com)*, eine 3000 m² große *Eislaufhalle (tgl. 14.30–19 und 21–1 Uhr | 5 Euro | short.travel/lgr7)* und das *Cinema Gaumont Multiplex* mit 16 Sälen und 430 m² großen Leinwänden. Ein Highlight: Das *Aquarium Mare*

Nostrum (tgl. Juli/Aug. 10–20, Sept.–Juni 10–19 Uhr | 15,50 Euro | aquariummare nostrum.fr) stellt mit 300 Arten in 15 Becken die Unterwasserwelt der großen Ozeane vor. In Biotopen an Land huschen Reptilien durch den Tropenwald, im Antarktis-Bereich watscheln Pinguine. Richtig stürmisch wird es im Orkan-Simulator, der Windstärken von bis zu 140 km/h erzeugt. *Port-Marianne*

AM ABEND

Junge Leute treffen sich gerne auf der großen Terrasse des *Insensé (39, boulevard des Bonnes-Nouvelles)* oder in der Szenebar *Le Circus (3, rue Collot)*. Zum Tanzen *(Mo–Sa 23–4 Uhr)* lädt das in einer ehemaligen Kirche untergebrachte Rockcafé *Le Rockstore (20, rue de Verdun)*.

ÜBERNACHTEN

BAUDON DE MAUNY

Seit sieben Generationen im Besitz der Familie ist das Hôtel Particulier Baudon de Mauny aus dem 18. Jh. Eine Pariser Innenarchitektin verwandelte das Stadtpalais in eine edle *maison d'hôtes* mit nur acht Zimmern, 29 bis 64 m² groß. *1, rue de la Carbonnerie | Tel. 04 67 02 21 77 | baudondemauny.com |* €€–€€€

LE GUILHEM

Das Komforthotel mit 36 stilvoll eingerichteten Zimmern liegt in der historischen Altstadt. Besonders schön ist die INSIDER TIPP Nummer 100 mit gewölbter Decke und eigenem kleinem Garten. *18, rue Jean-Jacques Rousseau | Tel. 04 67 52 90 90 | www.leguilhem.com |* €€€

HÔTEL DU PALAIS

Die Fenster des familiengeführten Hotels öffnen sich zur idyllischen place de la Canourque. Die Zimmer sind klein, aber hübsch eingerichtet. *26 Zi. | 3, rue du Palais des Guilhem | Tel. 04 67 60 47 38 | hoteldupalais-montpellier.fr |* €€

HÔTEL DU PARC

In einem Stadtpalast aus dem 18. Jh., nur wenige Gehminuten von der place de la Comédie entfernt: 19 gemütliche Zimmer, freundlicher Empfang, kostenloser Parkplatz. Bei schönem Wetter können Sie auf einer Terrasse frühstücken. *8, rue Achille Bégé | Tel. 04 67 41 16 49 | www.hotelduparc-montpellier.com |* €€

AUSKUNFT

30, place de la Comédie | Tel. 04 67 60 60 60 | montpellier-frankreich.de

ZIELE IN DER UMGEBUNG

CARNON-PLAGE (141 D3) *(G7)*

Der endlose Strand 9 km südöstlich von Montpellier ist perfekt für den Andrang, der im Sommer herrscht. Hier starten Bootsfahrten auf dem Canal du Rhône.

FRONTIGNAN (141 D4) *(F8)*

Weltberühmt ist das Städtchen 25 km südwestlich für seinen Muskatwein. Lohnend ist der Besuch der *Coopérative du Muscat (Juli/Aug. tgl. 9.30–19.30, sonst 9.30–12.30 u. 14.30–18.30 Uhr | 14, avenue Muscat | frontignanmuscat.fr)*.

PALAVAS-LES-FLOTS (141 D4) *(F7)*

Der Fischerhafen (6000 Ew.) war bis zum Bau von La Grande-Motte mit seinem 7 km langen Sandstrand der einzige Badeort der 15 km nördlich gelegenen Großstadt Montpellier. Trotz des sommerlichen Hochbetriebs – insbesondere zum Floh- und Trödelmarkt am Samstagvormittag bei den Arènes – hat er seinen Charme bewahrt. Einen Besuch lohnen das *Musée Albert Dubout* mit den Karikaturen des Künstlers und das *Musée du Petit Train,* das an die alte Bahnverbindung von Montpellier erinnert *(beide Juli/Aug. tgl. 10–12 und 16–21, sonst Di–So,* *Dez.–Feb. nur Sa/So 14–18 Uhr | Parc du Levant | Kombiticket 7 Euro | www.dubout.fr).* Eine tolle Aussicht haben Sie vom ehemaligen Wasserturm *Phare de la Méditerranée,* in dem die *Brasserie Le Phare (tgl. | Tel. 0457686116 | www.brasseriedupharefr.fr | €€)* untergebracht ist. Übernachten können Sie im *Hotel Amérique (49 Zi. | 7, avenue Fabrège | Tel. 0467680439 | www.hotelamerique.com | €€).* Auskunft: *boulevard Maréchal Joffre | Tel. 0467077334 | www.palavaslesflots.com*

Von Palavas führt ein Spaziergang von etwa 1,5 km auf der Landzunge zwischen dem Étang du Prévost und dem Meer zu der kleinen Insel, auf der sich die *Kathedrale von Maguelone (Juni–Sept. tgl. 9–19 Uhr)* erhebt. Sie ist das einzige Überbleibsel des Orts, der 1622 auf Befehl Kardinal Richelieus zerstört wurde. Heute hat der Verein Les Compagnons de Maguelone in der Anlage eine Werkstatt für Behinderte eingerichtet und keltert Wein, der rund um die Kathedrale wächst.

Wer braucht schon Brücken? Die Seilbahn über den Kanal in Palavas-les-Flots

ST-GUILHEM-LE-DÉSERT ★

(140 C3) (*E–F7*)

Atemraubend ist die Lage des schönen Dorfs in der Felswildnis der Cevennenausläufer rund 50 km nordwestlich von Montpellier am Eingang wilder Schluchten. Die großartige *Abteikirche (tgl. 8–18 Uhr | 2, Grand Chemin du Val de Gellone | 5 Euro | short.travel/lgr8),* 804 von Guilhem, einem engen Freund und Kampfgefährten Karls des Großen, gegründet, gehört als besonders schönes Beispiel der Romanik des Languedoc zum Welterbe. In der Mauer der Apsis sind der Schrein des heiligen Guilhem mit seinen Gebeinen und ein Splitter vom Kreuz Christi ausgestellt. Zum Einkehren empfielt sich *La Table d'Aurore (tgl. | 2, avenue Guillaume-d'Orange | Tel. 0467572453 | €€).*

NÎMES

KARTE IM HINTEREN UMSCHLAG
(141 E–F2) *(G6)* **Bereits vor 2000 Jahren kreuzten sich im damaligen Colonia Augusta Nemausus, dem heutigen ★ Nîmes (150 000 Ew.), die Wege der Reisenden.**

Die Hauptstadt des Departements Gard verdankt den Römern ihre besondere Attraktion; in keiner anderen Stadt Frankreichs sind die antiken Bauten zahlreicher oder besser erhalten als in Nîmes: das Amphitheater, der Tempel Maison Carrée, der Dianatempel, die Tour Magne. Oder der gut 20 km entfernte Pont du Gard, der die Stadt mit Wasser versorgte.

Abgesehen von den Zeugnissen der römischen Vergangenheit besticht Nîmes durch seine südlich-lebhafte Atmosphäre und setzt mit zeitgemäßer Architektur avantgardistische Akzente. Breite, von Platanen beschattete Boulevards ziehen sich um die weitgehend autofreie Altstadt. Da hält man sich gern einen ganzen Tag auf oder auch länger, wenn der Lebensfreude freier Lauf gelassen wird, zum Beispiel bei der berühmten einwöchigen Feria zu Pfingsten mit Stier-

CITY **WOHIN ZUERST?**
Die Innenstadt von Nîmes ist für Autos fast komplett gesperrt. Parken Sie am besten im Parkhaus am Bahnhof *(rue Ste-Félicité | Tagestarif 15 Euro | www.q-park.fr)*. Von hier wie vom Bahnhof sind Sie in knapp zehn Minuten am Amphitheater **Les Arènes,** von wo Sie alle Sehenswürdigkeiten bequem zu Fuß erreichen. Die Stadt hat mit dem Tango-Bus *(www.tangobus.fr)*, einer Mischung aus Straßenbahn und Bus, ein modernes Transportmittel für das Zentrum und das Umland.

Einmal tief Luft holen und Ruhe tanken, bitte! Die grüne Oase Jardin de la Fontaine in Nîmes

kämpfen in der Arena, Musikumzügen, frei durch die Straßen laufenden Stieren und Tanz in den Bodegas.

SEHENSWERTES

AMPHITHEATER (LES ARÈNES)

Der elliptische Bau stammt vom Anfang des 1. Jhs., misst bei 21 m Höhe im Durchmesser 101 bzw. 133 m und bietet bis zu 24 000 Zuschauern Platz. Durch 126 Treppen im Innern war es möglich, dass die Zuschauer die Arena in wenigen Minuten betreten und verlassen konnten. In der Römerzeit war das Rund Schauplatz von blutigen Gladiatorenkämpfen, von Pferde- und Wagenrennen. Den Westgoten diente der Bau als Festung. Im Mittelalter wurde er zur Burg und dann zum Wohnviertel mit 230 Häusern. Heute finden hier Corridas, Theater- und Opernaufführungen, Rockkonzerte und sogar die Weihnachtsmesse statt. Im Winterhalbjahr wird eine Konstruktion aus Aluminium, Plexiglas und Stoff errichtet, die 7000 Zuschauern Platz bietet. *Juli/Aug. tgl. 9–20, Juni 9–19, April/Mai, Sept. 9–18.30, März, Okt. 9–18, Nov.–Feb. 9.30–17 Uhr | Kombiticket mit Maison Carrée und Tour de Magne 12 Euro, Einzelticket 10 Euro | www.arenes-nimes.com*

CATHÉDRALE ST-CASTOR

Im Lauf seiner Geschichte wurde der romanische Bau in der Altstadt mehrmals zerstört und im 19. Jh. fast vollständig wiederhergestellt. An der Fassade zur place aux Herbes ein schöner romanischer Reliefries, der die Geschichte von Adam und Eva, Kain und Abel darstellt.

JARDIN DE LA FONTAINE/TOUR MAGNE

Im weichen Nachmittagslicht ist der Besuch des Gartens nordwestlich der Altstadt am schönsten. Die prächtige Anlage, eine grüne Oase der Stille und Erholung, entstand um 1745 unter Einbeziehung römischer Ruinen und Wasserkanäle. Im Park liegt der heute teilweise zerstörte *Temple de Diane* aus dem 2. Jh. Wozu der Tempel genau diente und ob er tatsächlich der Göttin der Jagd geweiht war, ist unbekannt. Vom Tempel steigt der Weg zum *Mont Cavalier* (114 m) an, auf dessen Höhe die *Tour Magne (Juni–Aug. tgl. 9.30–19, April/Mai 9.30–18.30, März, Sept./Okt. 9.30–13 und 14–18, Nov.–Feb. 9.30–13 und 14–16.30 Uhr | 3,50 Euro)* steht. Der 34 m hohe Turm gilt als größter der einst rund 100 Türme in der römischen Stadtmauer. Von oben haben Sie einen weiten Blick über Nîmes bis zum Mont Ventoux und zu den Cevennen.

MAISON CARRÉE

Der ehemalige Tempel, erbaut um 5 n. Chr., ist der am besten erhaltene römische Bau seiner Art. Das römische Forum, auf dem er stand, hatte in etwa die Größe der aktuellen place de la Comédie. Trotz wechselvoller Laufbahn – u. a. Nutzung als Amtsstube, Kirche der Augustiner, Pferdestall und Stadtmuseum – hat der Bau die Zeiten fast unversehrt überstanden. Im Innern dokumentiert ein 3-D-Film wie ein virtueller Flug die 2000-jährige Geschichte der Stadt. *Juni–Aug. tgl. 10–19.30, April/Mai, Sept. 10–19, Okt.–März 10–13 und 14–17 Uhr | 6 Euro*

MUSÉE D'ART CONTEMPORAIN/ CARRÉ D'ART

Der Bau in Form eines futuristischen Würfels aus Glas und Beton wurde von Norman Foster entworfen und steht sozusagen als zeitgemäße Antwort auf die Maison Carrée am anderen Ende des Platzes. Er birgt eine der modernsten Bibliotheken Frankreichs mit 360 000 Bänden, dazu eine große Tonträger- und Videosammlung, alles auf dem neuesten Stand der Informationstechnologie.

Außerdem liegt hier das Museum für zeitgenössische Kunst. Von der Cafeteria im obersten Geschoss haben Sie einen herrlichen Blick auf die Dächer der Altstadt. *Di–So 10–18 Uhr | 16, place de la Maison Carrée | Eintritt frei, Sonderausstellungen 5 Euro*

MUSÉE DE LA ROMANITÉ

Die Sammlungen des archäologischen Museums gehen ein in das *Musée de la Romanité*, das Elizabeth und Christian de Portzamparc für 25 000 antike Ausstellungsstücke direkt an den Arenen errichten. Die Einweihung des Prestigeprojektes soll im Frühjahr 2018 erfolgen. Auf dem Dach ist ein Terrassencafé geplant. *www.nimes.fr*

LOW BUDG€T

Gut und preiswert essen können Sie in Montpellier im *Sisters Café (So und abends geschl. | 3, rue des Sœurs Noires | Tel. 04 67 66 15 95)* mit schöner Terrasse auf dem Platz vor der Kirche St-Roch.

Sauber, preisgünstig, zentral gelegen und mit Gratis-WLAN ausgestattet sind die Zimmer im *Hôtel Abalone (30 Zi. | 23, avenue Feuchères | Tel. 04 66 29 20 14 | nimes-hotel.com | €)*.

Kaum zu glauben: Die Jugendherberge von Carcassonne liegt mitten in der historischen Cité; dazu gehört ein hübscher, kleiner Innenhof. Der Schlafplatz kostet 26 Euro pro Person im Doppel- und 19 Euro im Mehrbettzimmer. *25 Zi. mit 123 Betten | rue Trencavel | Tel. 04 68 25 23 16 | hifrance.org*

MUSÉE DES BEAUX-ARTS

Im Erdgeschoss entzückt das große römische Mosaik „Les Noces d'Admète". Im ersten Stock sind Werke europäischer Schulen des 15.–19. Jhs. zu betrachten: Bilder von Giambono, Peter Paul Rubens, Pieter Brueghel d. J. u. a. *Di–So 10–18 Uhr | rue de la Cité Foulc | Eintritt frei, Sonderausstellungen 5 Euro*

PORTE D'AUGUSTE

Das Stadttor aus der Zeit des römischen Kaisers Augustus (16/15 v. Chr.) war einst Teil der Stadtmauer. Durch die beiden großen, mittleren Torbogen rollten die Wagen, die beiden kleineren Seitentore waren für Fußgänger bestimmt. *rue Nationale/boulevard de l' Amiral-Courbet, gegenüber der Kirche St-Baudille*

ESSEN & TRINKEN

AUBERGE COMME CHEZ NOUS

Das kleine Restaurant mit vorzüglichen Weinen in der Nähe der Arena glänzt mittags und abends mit preisgünstigen Gerichten aus frischen Zutaten der Region. *Mi-Abend und So geschl. | 26, rue Jean Reboul | Tel. 04 30 50 76 51 | €*

L'EX AEQUO

Egal, ob Sie sich für Fleisch oder Fisch entscheiden – alle Gerichte sind liebevoll zubereitet, vorwiegend mit frischen Regionalprodukten. Der Speisesaal ist puristisch, bei schönem Wetter lädt ein Garten zum Draußensitzen ein. Günstiger Mittagstisch *(plat du marché). Sa-Mittag und So geschl. | 11, rue Bigot | Tel. 04 66 21 71 96 | €–€€*

LE LISITA

Ein Muss für Feinschmecker. Kreative Saisonküche, edle Weine. Gegessen wird im schlicht-eleganten Speisesaal oder auf einer schönen Terrasse. *So/Mo*

Wenn Architekten würfeln dürfen: Norman Fosters futuristisches Carré d'Art

geschl. | 2 bis, boulevard des Arènes | Tel. 04 66 67 29 15 | www.lelisita.com | €€€

LE MARCHÉ SUR LA TABLE

Ausgezeichnete Bistroküche, leckere Gerichte aus fangfrischen Mittelmeerfischen, ungezwungenes Ambiente. Terrasse. *So/Mo geschl. | 10, rue Littré | Tel. 04 66 67 22 50* | €€

VINCENT CROIZARD

Feinschmecker, die eine leichte lokale Küche lieben, genießen sie beim Spitzenkoch Vincent Croizard am liebsten draußen auf der überdachten Terrasse. *7, rue des Chassaintes | Tel. 04 66 67 04 99 | restaurantcroizard.com* | €€–€€€

EINKAUFEN

VILLARET

In der ältesten Bäckerei der Stadt wird das knusprige Naschwerk „Croquets Villaret" seit 1775 nach altem Rezept hergestellt. *Tgl. bis 19.30 Uhr | 13, rue de la Madeleine*

AM ABEND

Gut besucht sind abends die Cafés mit ihren Terrassen am boulevard de l'Amiral-Courbet. Ein beliebter Treffpunkt, um zu sehen und gesehen zu werden, ist *La Bodeguita (tgl. | place d'Assas | www.royalhotel-nimes.com)*, das neben Tapas originelle Pfannengerichte und günstige Weine der Region serviert. Im *421 (So geschl. | 37, rue Fresque)* drängen sich Stierkampffans, Nachtschwärmer, Künstler und Touristen. Auf einer Leinwand werden Corridas übertragen.

ÜBERNACHTEN

HÔTEL CÔTÉ PATIO

Zehn Gehminuten von der Innenstadt bietet dieses kleine Hotel mit seinem schönen Innenhof Ruhe und Entspannung. 17 fröhlich eingerichtete und komfortable Zimmer, gutes Preis-Leistungs-Verhältnis. *31, rue de Beaucaire | Tel. 04 66 67 60 17 | hotel-cote-patio.com* | €

IMPERATOR CONCORDE

Gilt trotz seines etwas antiquierten Charmes als beste Adresse in Nîmes. Hier sollen schon Ernest Hemingway und Pablo Picasso gern gewohnt haben. Restaurant, Garten und Garage. *62 Zi. | 1, quai de la Fontaine | Tel. 04 66 21 90 30 | www.hotel-imperator.com* | €€€

ROYAL HÔTEL

Das mit viel Liebe renovierte Gebäude stammt aus dem 19. Jh., die Einrichtung ist eine gelungene Mischung aus zeitgenössischem Stil und 1950er-Jahre-Look. Dazu gehört das Restaurant *La Bodeguita (So geschl.)*, das vor allem spanische Gerichte anbietet. *23 Zi. | 3, boulevard Alphonse-Daudet | Tel. 04 66 58 28 27 | www.royalhotel-nimes.com* | €–€€

AUSKUNFT

6, rue Auguste | Tel. 04 66 58 38 00 | www.ot-nimes.fr

ZIELE IN DER UMGEBUNG

BEAUCAIRE UND TARASCON

(141 F2) (*H6–7*)

Die geschichtsträchtige Stadt Beaucaire (16 000 Ew.) 24 km östlich an der Rhône lockt mit Kanälen, hellroten Ziegeldächern, engen Straßen, schönen alten Häusern und einer mächtigen Burgruine. Vom *Château Royal* aus dem 11. Jh. sind zwei Türme, Mauerwerk und eine schöne romanische Kapelle erhalten. Ein prächtiges Schauspiel ist die *Flugvorführung der Greifvögel (Mitte April–Anfang Okt. Di–So, 15, 17 Uhr | 10 Euro)*. Auskunft: *24, cours Gambetta | Tel. 04 66 59 26 57 | aigles-chateau-thierry.com*

Ebenso reizvoll ist am anderen Ufer der Rhône, bereits in der Provence, das Städtchen Tarascon (13 000 Ew.) mit dem *Schloss von König René (Sommer tgl. 10–18.30, sonst 10.30–17 Uhr | 7,50 Euro | chateau.tarascon.fr)* und der Aussichtsterrasse über dem Fluss. Jeden

Wasserleitung mit Welterbestatus: der Pont du Gard

Sommer ist es Zentrum von Mittelalterspielen. Auskunft: *59, rue des Halles | Tel. 04 90 91 03 52 | www.tarascon.org*

PONT DU GARD ★ (141 F2) (*🕮 H6*)

2000 Jahre alt und immer noch die schönste Wasserleitung der Welt: Das dreistöckige, 49 m hohe und im obersten Teil 275 m lange Aquädukt über das Wasser des Flusses Gardon rund 25 km im Nordosten von Nîmes ist eine Augenweide – und endlich vom Autoverkehr befreit. Die Römer haben die Brücke im 1. Jh. als Teil der knapp 50 km langen Leitung konstruiert, die Tag für Tag 20 000 m³ Wasser von der Quelle der Eure bei Uzès nach Nîmes spülte, das damals gut 25 000 Ew. zählte.

Der Pont du Gard, von der Unesco als Weltkulturerbe eingestuft, ist heute Zentrum der großen Anlage *Domaine du Pont du Gard* mit Restaurants, Boutiquen, sehenswerten Multimedia-Ausstellungen, dem sehr informativen und schönen Wanderweg INSIDER TIPP *Mémoires de Garrigue*, Badestrand und Dokumentationszentrum. Besuchern mit Auto sind die kostenpflichtigen, aber bewachten Parkplätze zu empfehlen. *Tgl. 9–17, März–Mai, Okt. bis 18, Juni, Sept. bis 19, Juli/Aug. bis 20 Uhr | Komplettpreis für Museum, Film, Kinderprogramm, Wanderbroschüre und Parkplatz 18 Euro/Auto inkl. 5 Pers. | www.pontdugard.fr*

SOMMIÈRES (141 E2) (*🕮 G7*)

Das Städtchen (4500 Ew.) 25 km südwestlich von Nîmes ist mit seinen weißen Häusern über dem Flüsschen Vidourle, den mittelalterlichen Toren, schmalen Gassen und von Arkaden gesäumten Plätzen eine Augenweide. Ganz oben im Ort liegt das charmante *Hôtel de l'Orange (87, rue des Baumes | Tel. 04 66 77 79 94 | hoteldelorange.com | €€€)* – fünf Zimmer und drei Appartements in einem Gebäude aus dem 17. Jh. Von der Dachterrasse aus blicken Sie über das Städtchen, ein Pool lädt zur Erfrischung ein.

2 km außerhalb Richtung Nîmes liegt das großartige INSIDER TIPP *Château de Villevieille (Juli–Sept. tgl. 14–20 Uhr, April–Juni und Okt. Sa/So 14–19 Uhr | 8 Euro | www.chateau-de-villevieille.fr)* aus dem 11. Jh., das in der Renaissance restauriert wurde. Eingerahmt von alten Häusern in blühenden Gärten, ist es ein bezauberndes Ensemble. Die Inneneinrichtung des Schlosses ist sehr gut erhalten, u. a. das Zimmer, in dem der heilige Ludwig 1243 wohnte. Kreative Lokalküche und gute Weine der Region kosten Sie in der *Auberge du Pont Romain (tgl. nur abends | 2, avenue Emile Jamais | Tel. 04 66 80 00 58 | aubergedupontromain.com | €€)*.

VILLENEUVE-LÈS-AVIGNON (139 F5–6) (*🕮 H6*)

Die Stadt der Kardinäle (12 000 Ew.), 45 km nordöstlich von Nîmes hat nicht nur den schönsten Blick auf die ehemalige Papstresidenz Avignon in der Nachbarregion Provence-Alpes-Côte d'Azur zu bieten, sondern auch eines der ältesten Kartäuserkloster Frankreichs: die *Chartreuse du Val de Bénédiction (Sommer tgl. 9.30–18.30, sonst tgl. 10–17 Uhr | 8 Euro | www.chartreuse.org)*. Die Anlage aus dem 14. Jh. beherbergt in der Klosterkirche das Grabmal ihres Gründers, Papst Innozenz' VI., und ist bei den Theaterfestspielen am anderen Ufer der Rhône Schauplatz für Aufführungen und Konzerte. 176 Stufen müssen Besucher erklimmen, um von der Aussichtsplattform des *Tour Philippe-Le-Bel (April–Sept. Di–So 10–12 und 13–18.30, Okt./Nov., März 10–12 und 14–17 Uhr | 2,50 Euro)* den Blick auf Stadt, Rhônetal, Mont Ventoux und Luberon zu genießen. Auskunft: *1, place Charles-David | Tel. 04 90 25 61 33 | www.villeneuvelesavignon.fr*

ROUSSILLON

Das Roussillon ist ein Land der Kontraste: Endlossandstrände und Lagunen bei Leucate, Les Barcarès, Torreilles, Canet-en-Roussillon, St-Cyprien und Argelès-Plage; felsengerahmte Badebuchten bei Collioure, Paulilles, Port-Vendres und Banyuls-sur-Mer.

Doch auch das Hinterland ist attraktiv für Leute, die das Abenteuer der Entdeckung suchen. Städte wie Narbonne und Perpignan sind Orte voller Leben und Geschichte. Eine Rundfahrt zu den wie Adlerhorste in die Felswildnis der Corbières platzierten Katharerburgen – die Châteaux von Quéribus, Peyrepertuse, Aguilar, Puivert und Montségur – wird zum großen Erlebnis. Im äußersten Süden, dessen katalanische Identität auch nach mehr als 350 Jahren Zugehörigkeit zu Frankreich unübersehbar ist, kommen Sie in die Hochtäler der Pyrenäen, zu stattlichen Abteien und urigen Bergdörfern.

ARGELÈS-PLAGE

(143 F5–6) (*D10*) **Argelès hat zwei Gesichter: Da ist der alte Ort Argelès-sur-Mer (9000 Ew.) mit typisch katalanischen Häusern in engen Gassen und, jenseits eines 2,5 km breiten Streifens von Obstplantagen, der moderne Badeort mit 7 km Sandstrand, der im Süden in die felsige Côte de Vermeille mit lauschigen Buchten übergeht.**

 Bild: Yachthafen in Argelès-sur-Mer

Im Land der Katharer: Burgen, Meer und alte Abteien – von den Weinhügeln der Corbières bis zu den Pyrenäen

Argelès ist der südlichste Ort der ewig langen Sandstrände, die sich praktisch von Le-Grau-du-Roi bis fast zur spanischen Grenze ziehen. In der Hochsaison herrscht hier viel Betrieb, allein Argelès verfügt über 55 Campingplätze.

SEHENSWERTES

CASA DE LES ALBÈRES

Interessante Sammlungen von Werkzeugen und Materialien für Weinanbau und -verarbeitung sowie Handwerkszweige im Roussillon Ende des 19. Jhs. Das Museum ist Ausgangspunkt für *Führungen (4 Euro)* durchs Dorf, die Sie beim Verkehrsamt buchen können. *Juni–Sept. Di–Fr 10–18, Sa/So 10–13 und 14–18, Okt.–Mai Di–Sa 10–12 und 14–17 Uhr | 4, place des Castellans | Argelès-sur-Mer | 3 Euro*

ESSEN & TRINKEN

L'AMADEUS

Ob man im stilvollen Saal oder draußen im schattigen Patio sitzt – ein dickes Lob

Wo Bischöfe im Schatten wandelten: der lauschige Kreuzgang der Kathedrale in Elne

für die leckeren Fischgerichte, Meeresfrüchte und katalanischen Spezialitäten! *Okt.–Mai Mi geschl. | avenue des Platanes | Tel. 04 68 81 12 38 |* €€–€€€

EINKAUFEN

MÄRKTE

Im Juli/Aug. täglich auf dem *boulevard de la Mer,* außerdem Montag-, Mittwoch- und Freitagvormittag sowie täglich von 17 bis 24 Uhr Handwerksmarkt auf dem *Parking des Platanes.*

SPORT & STRÄNDE

SCHIFFSAUSFLÜGE

Spaß machen Angelpartien oder Ausflüge mit dem Schiff, etwa nach Collioure, Portbou oder Port de la Selva in Spanien. Ein Trip zum Markt nach Collioure (Mi, So) kostet mit *Roussillon-Croisières (Tel. 04 68 45 41 08 | www.roussillon-croisieres.com)* 13 Euro, nach Portbou 24 Euro.

STRÄNDE

In der Saison sind die tadellos gepflegten Strände *Plage Nord, Plage des Pins* und *Plage Sud* bewacht. Südlich des Hafens liegt die 3 km lange, ruhigere *Plage du Racou* mit kleinen Buchten, der INSIDER TIPP letzte Sandstrand vor Spanien.

AM ABEND

Nach dem Tag am Strand geht's in die Diskotheken *Le Playa (allée des Pins)* und *Le Kiss (5, allée Jules Aroles)* oder – für Schwule und Lesben – ins *Potchic (Centre Commercial Costa Blanca)* am boulevard de la Mer. Ein *Luna Park (Juli/Aug. tgl. 20.30–1 Uhr | Espace de Loisirs Plage Nord)* lockt mit 25 Attraktionen.

ÜBERNACHTEN

AUBERGE DU ROUA

Liebevoll restauriertes katalanisches Landhaus aus dem 18. Jh. mit 17 hübsch eingerichteten Zimmern. Terrasse mit Pool und Restaurant (€–€€) mit guter Mittelmeerküche. *Chemin du Roua | Tel. 04 68 95 85 85 | www.aubergeduroua.com | €€–€€€*

HÔTEL DE LA PLAGE DES PINS
Direkt am Meer, 50 Zimmer mit Balkon, teils mit Meerblick, Pool. *allée des Pins | Tel. 04 68 81 09 05 | www.plage-des-pins.com | €€–€€€*

AUSKUNFT
place de l'Europe | Tel. 04 68 81 15 85 | www.argeles-sur-mer.com

ZIEL IN DER UMGEBUNG
ELNE (143 F5) (*D10*)
Die große Sehenswürdigkeit des Städtchens (6200 Ew.) im Obstanbaugebiet 12 km nordwestlich ist die *Cathédrale Ste-Eulalie-et-Ste-Julie* mit ihrem Kreuzgang. Einst war Elne die Hauptstadt des Roussillon und rund 1000 Jahre lang, bis 1602, Bischofssitz. Das Innere der im 11. Jh. geweihten Kirche ist reich ausgestattet; zu den bedeutendsten Schätzen zählen ein geschnitzter Altaraufsatz aus dem 14. Jh., ein romanischer Altartisch aus Marmor und ein romanisches Taufbecken. *Mai–Sept. tgl. 10–12.30 u. 14–18.30, Okt.–April bis 17 Uhr | 4,50 Euro*

CANET-EN-ROUSSILLON

(143 F5) (*D10*) **Das große Seebad (12 000 Ew.) nahe Perpignan macht mit seinem prächtigen, kilometerlangen Sandstrand an palmengesäumter Promenade und bis zu zehn Stockwerke hohen Hotels und Appartementhäusern samt Bars und Restaurants den Eindruck eines französischen Miami Beach.**

Wer neben Baden und Sonnen Wert auf ein vielseitiges Sport- und Freizeitangebot legt, ist hier richtig.

SEHENSWERTES
ÉTANG DE CANET
Rosa Flamingos und zahlreiche andere Vogelarten kann man von verschiedenen Punkten an einem INSIDER TIPP 2,5 km langen Pfad entlang dem 9,6 km²

MARCO POLO HIGHLIGHTS

★ **Collioure**
Das schönste Städtchen an der Côte Vermeille → S. 64

★ **Abbaye de Fontfroide**
Die Lage ist so großartig wie das Kloster selbst → S. 71

★ **Hospici d'Illa in Ille-sur-Têt**
Erlesene Kunstschätze → S. 76

★ **Château de Peyrepertuse**
Die imposanteste Burgruine im *pays cathare* → S. 76

★ **Tautavel**
Vor mehr als 450 000 Jahren jagte der „Mensch von Tautavel" im Roussillon → S. 77

★ **Abbaye St-Martin-du-Canigou**
Schon der steile Aufstieg in der wilden Bergwelt der Pyrenäen ist beeindruckend → S. 78

★ **Pic du Canigou**
Der 2784 m hohe Berg ist ein großartiger Aussichtsbalkon → S. 80

Wo bitte geht's denn hier zum Strand? Sandparadies in Canet-en-Roussillon

großen Étang am westlichen Rand von Canet beobachten.

ESSEN & TRINKEN

LE DON QUICHOTTE

Tintenfisch mit Safran oder Gänse-Foie-Gras mit Banyuls: Jimmy und Sandra Nirbaud interpretieren kreativ wie köstlich die katalanische Küche. *Tgl. | 22, avenue de Catalogne | Tel. 04 68 80 35 17 | www.ledonquichotte.com* | €€

LE JARDIN MOGADOR

Dieser Garten verspricht in stilechtem Rahmen authentischen marokkanischen Genuss. *Mittags geschl. | 25, avenue du Canigou | Tel. 04 68 80 02 13* | €€

SPORT & STRÄNDE

BADEN

4 km Strand sind bewacht, in neun Abschnitte unterteilt. Nördlich des Hafens liegt die *Plage du Sardinal,* zu der die Camper der angrenzenden Plätze direkten Zugang haben. Weniger lebhaft als auf den Abschnitten an der Uferpromenade geht es an der *Plage Marestang* beim Étang de Canet und der *Plage du Lido* zu.

TENNIS

Zwei Hallen- und vier Außenplätze warten im *Centre de Tennis Europa (4, avenue Guy Drut | Tel. 04 68 73 08 51).*

WASSERSPORT

Einen guten Ruf haben die Segelkurse de des *Club Nautique Canet Perpignan (Tel. 04 68 73 33 95 | fairedelavoile.fr).*

ÜBERNACHTEN

HÔTEL LE CATALAN

Einfaches Hotel mit 14 Zimmern, teils mit Meerblick. Zum Strand sind es nur 30 m. *60, boulevard Cassanyes | Tel. 04 68 73 55 37 | hotel-restaurant-canet.fr* | €

RÉSIDENCE MALIBU VILLAGE
Hier fühlen sich Familien mit Kindern und Sportbegeisterte wohl. Der Komplex besteht aus einem Hotel mit 75 Zimmern, Ferienwohnungen und Bungalows, mehreren Pools, Sportanlagen, einem Restaurant (katalanische Spezialitäten) und zwei Snackbars. Mittelpunkt der schönen Gartenanlage ist ein großer Swimmingpool. Hotel (€€) im Sommer nur wochenweise, Appartements und Ferienhäuser je nach Saison und Größe zwischen 360 und 1700 Euro pro Woche. *voie de la Méditerranée | Tel. 04 68 73 27 79 | malibu-village.fr*

AUSKUNFT

Espace Méditerranée | Tel. 04 68 86 72 00 | www.ot-canet.fr

ZIELE IN DER UMGEBUNG

LEUCATE-PLAGE (143 F4) *(🕮 D9)*
Wer geballtes Strandvergnügen sucht und Rummel nicht scheut, ist in Leucate rund 20 km nördlich von Canet richtig. Neben dem alten Dorf ist in den 1960er-Jahren ein Badeort aus dem Boden gestampft worden mit Apartmenthäusern, Snackbars, riesigen Parkplätzen und einem großen Freizeithafen mit 1000 Liegeplätzen. Wassersport wird an den Stränden großgeschrieben. Unter Naturschutz steht der ursprüngliche, 8 km lange Strand INSIDER TIPP *Plage des Coussoules* bei La Franqui ein paar Kilometer nördlich, ältester Badeort der Küste des Languedoc-Roussillon und ein beliebter Treffpunkt von Surfern und Kitesurfern. Im April tragen hier die Champions auf ihren Brettern die Weltmeisterschaft *Mondial du Vent (mondialduvent.fr)* aus. Auch hier gibt es kleine Häuser wie das *Hôtel des Deux Golfs (30 Zi. | rue du Dour | Tel. 04 68 40 99 42 | www.hoteldes2golfs.com | €)* mit einfachen, aber korrekten Zimmern mit Balkon. Auskunft: *Tel. 04 68 40 91 31 | www.tourisme-leucate.fr*

PORT-BARCARÈS (143 F4) *(🕮 D10)*
Der nächste Badeort liegt 10 km nördlich von Canet. Ferien- und Appartementhäuser sind kreisförmig um den Yachthafen mit seinen 800 Ankerplätzen angelegt sind. Die Hauptattraktion des Orts heißt *Lydia (Juli/Aug. tgl, sonst Sa/So ab 23 Uhr | avenue de la Grande Plage),* ein mit Absicht auf Sand gesetzter, ausgemuste-

LOW BUDG€T

Geld, Zeit und Nerven sparen Narbonne-Besucher, wenn sie ihr Auto auf den kostenlosen Parkplätzen Victor Hugo oder Théâtre abstellen und dort den Gratis-Shuttle „Citadine" nutzen, der im Zehn-Minuten-Takt neun Stationen in der Innenstadt anfährt *(Mo–Sa 7.40–19.20 Uhr | services.legrandnarbonne.com)*.

Billiger geht' nicht: Für den Einheitstarif von 1 Euro können Sie mit Regionalbussen ab Busbahnhof *(gare routière)* Perpignan das Hinterland erkunden. *avenue du Général Leclerc | Auskunft Tel. 04 68 80 80 80 | bus1euro.cd66.fr*

Kultur zum Nulltarif erleben Sie im Roussillon mit den *Cartes Blanches.* Anmelden und Termine checken auf *www.culture66.fr/carte-blanche*

Der Pass *Inter-Sites* verschafft beim Besuch von gut 20 Sehenswürdigkeiten in der Region Preisermäßigungen *(www.reseauculturel.fr)*.

ter Dampfer mit Spielkasino und Disko. Auskunft: *www.portbarcares.com*

ST-CYPRIEN-PLAGE (143 F5) (*D10*)
Ein weiterer Retorten-Badeort 10 km südlich von Canet. Das Museum *Collections de St-Cyprien (Juli/Aug. tgl. 10–12 und 15–19, Sept.–Juni Mi–Mo 10–12 und 14–18 Uhr | 4, rue Emile Zola | 4 Euro | www.collectionsdesaintcyprien.com)* bietet interessante Kunstausstellungen, der *Jardin des Plantes des Capellans (Sommer tgl. 14–19, sonst Di–So 14–17 Uhr | Eintritt frei)* eine grüne Oase der Ruhe. Auskunft: *quai Arthur Rimbaud | Tel. 04 68 37 68 00 | www.tourisme-saint-cyprien.com*

COLLIOURE

(143 F6) (*D10–11*) ★ **An der Küste des Languedoc-Roussillon gibt es kein schöneres Städtchen (2700 Ew.).**
Hier beginnt die Felsenküste, genannt Côte Vermeille (rote Küste). Beherrscht wird der malerisch in einer Bucht gelegene Fischerort, bis heute Hochburg der *anchois*-Verarbeitung, vom festungsartigen Château Royal. Berühmt machten den ehemaligen Fischerort ab 1905 Maler wie André Derain, Georges Braque, Henri Matisse u. a.: die *fauves*, die „Wilden".

SEHENSWERTES

CHÂTEAU ROYAL
Von 1276 bis 1344 war das Schloss Sommerresidenz der mallorquinischen Könige, die Bastionen stammen aus dem 17. Jh. Wechselnde Kunstausstellungen. *Juni–Sept. tgl. 10–18, Okt.–Mai 9–17 Uhr | 4 Euro*

CHEMIN DU FAUVISME
Wo Henri Matisse und André Derain im Ort und an der Bucht ihre Staffeleien aufstellten, wurden 20 Reproduktionen ihrer Bilder angebracht. INSIDER TIPP *Führungen Sommer tgl., sonst Di–So 9.30–12.30 u. 14.30–18 Uhr | Tel. 04 68 98 07 16 | Start: Boutique Le Fauvisme, 10, rue de la Prud'homie | 10 Euro*

ÉGLISE NOTRE-DAME-DES-ANGES
Die Wehrkirche am Ende der *Plage Boramar* unterhalb der Altstadt ist ein Wahrzeichen der Stadt dank des originellen runden Turms, dem ursprünglichen Leuchtturm des alten Hafens, der nun als Glockenturm dient. Im Halbdunkel des Kirchenraums prunken neun reich mit Gold verzierte, geschnitzte Altarblätter.

VIEUX QUARTIER DU MOURÉ
Die steilen, engen Gassen der Altstadt haben mit ihren bunten Häusern und versteckten Gärtchen viel Flair. Die *rue Miradou* steigt zum Fort (17. Jh.) hinauf, das noch militärisch genutzt wird.

ESSEN & TRINKEN

LE 5ÈME PÉCHÉ
Katalanische Küche mit asiatischer Note, extrafrischem Fisch und knackigem Gemüse. Günstiges Mittagsmenü. *Sept.–Juni Sa-Mittag und Di-Mittag geschl. | 18, rue de la Fraternité | Tel. 04 68 98 09 76 | www.le5peche.com* | €€–€€€

INSIDER TIPP LA CUISINE COMPTOIR
Sehr große Auswahl an leckeren und preisgünstigen Tapas. Am besten schmeckt es auf der Terrasse im Schatten eines Feigenbaums. Sie können die Gerichte auch mitnehmen und am Strand essen. *Nov.–April Di/Mi geschl. | 2, rue Colbert | Tel. 04 68 81 14 40* | €

LE NEPTUNE
Der Feinschmeckertempel von Collioure! Besonders gut sind die Fischgerichte, die

Wie soll man sich denn hier aufs Essen konzentrieren? Traumterrasse des Restaurant Neptune

Sie auf einer Terrasse mit herrlichem Blick auf die Bucht genießen. Unbedingt reservieren! *Juli–Sept. Di-Mittag und Mo, Okt.–Mai Di/Mi geschl. | route de Port-Vendres | Tel. 04 68 82 02 27 | www.leneptune-collioure.com | €€€*

EINKAUFEN

Auf der *place Général-Leclerc* ist mittwochs und sonntagvormittags großer Markt.

STRÄNDE

Es gibt mehrere kleine Strände und Badebuchten: im Ort *Plage Boramar* und *Plage St-Vincent,* auf der anderen Seite des Château Royal *Plage de Port d'Aval.*

AM ABEND

Für einen Plausch bei einem Cocktail oder einem Glas Wein eignet sich das *Petit Café (2, rue de la Prud'hommie)* oder die Bar des Hotels *Les Templiers.*

ÜBERNACHTEN

INSIDER TIPP L'ARAPÈDE

Malerisch an einen Felsen über dem Meer gebaut, bietet das Hotel 20 elegante Zimmer, darunter eine Suite mit Meerblick, schönen Pool, Terrassen, gutes *Restaurant (Mo–Sa mittags geschl. | €€).* 15 Gehminuten zum Hafen von Collioure. *Route de Port-Vendres | Tel. 04 68 98 09 59 | www.arapede.com | €€–€€€*

CASA PAÏRAL

27 hübsche Zimmer in einem katalanischen Haus aus dem 19. Jh.; lauschiger Patio, Pool. Zentral, aber ruhig in einer Sackgasse gelegen. *Impasse des Palmiers | Tel. 04 68 82 05 81 | fr.hotel-casa-pairal.com | €€–€€€*

LES TEMPLIERS

Man wohnt fast wie im Museum – an den Wänden Gemälde, die der Wirt einst von seiner mehr oder weniger berühmten Klientel in Zahlung nahm oder geschenkt bekam. Rustikal eingerichtete Zimmer, teils mit Blick aufs Château Royal, gutes katalanisches Restaurant. Wer Halb- oder Vollpension wählt, kann Geld sparen. *52 Zi. | 12, quai de l'Amirauté | Tel. 04 68 98 31 10 | www.hotel-templiers.com | €–€€€*

AUSKUNFT

place du 18 Juin | Tel. 04 68 82 15 47 | www.collioure.com

ZIELE IN DER UMGEBUNG

AMÉLIE-LES-BAINS-PALALDA (143 E6) *(🗺 D11)*

Schon die Römer wussten die Schwefelquellen zu schätzen, und noch heute zieht der 35 km westlich gelegene Ort (3500 Ew.) in der schönen Pyrenäenregion Vallespir vor allem Kurgäste an. Das gründlich renovierte *Kurzentrum (Hochsaison tgl., sonst Mo–Sa 7–16 Uhr | place du Maréchal Joffre | www.chainethermale.fr)* mit einem Schwimmbecken aus der Römerzeit wird von 63 Grad heißem, stark schwefelhaltigem Wasser gespeist. Es gibt Spezialangebote *(ab 59 Euro)* für private Kurzzeitgäste, die auch für das zweite Kurzentrum der Betreibergesellschaft am Ausgang der Mondony-Schlucht gelten. Gleich neben den Bädern liegt das preisgünstige *Hôtel des Bains et des Gorges (43 Zi. | 6, place Arago | Tel. 04 68 39 29 02 | www.hotel-restaurant-bains-gorges.com | €)*.

Sehenswert ist vor allem das hoch über dem Flüsschen Tech gelegene Dorf *Palalda* mit stimmungsvollen, blumengeschmückten Gässchen. Zum Übernachten empfiehlt sich das *Grand Hotel Reine Amélie (32, boulevard Petite Provence | Tel. 04 68 39 04 38 | www.reineamelie.com | €–€€)* mit 60 Zimmern, sechs Apartments und Pool.

Auskunft: *22, avenue du Vallespir | Tel. 04 68 39 01 98 | www.amelie-les-bains.com*

ARLES-SUR-TECH (143 D6) *(🗺 C11)*

Das Städtchen (2800 Ew.) 40 km westlich entstand um die bedeutende, im

Museale, aber keineswegs steife Atmosphäre herrscht in der Bar des Hotels Les Templiers

9. Jh. von Karl dem Großen gegründete *Benediktinerabtei Ste-Marie (Juli/Aug. tgl. 9–19, Sept.–Juni Mo–Sa 9–12 und 14–18, Uhr | 4 Euro)*. Der makellose, prächtige Kreuzgang vom Ende des 13. Jhs. ist der älteste seiner Art im Roussillon.
Die großartige Bergwelt des Haut Vallespir ist ein ideales Wanderrevier. 2 km von Arles Richtung Le Tech zweigt ein Weg zu den sehenswerten INSIDER TIPP *Gorges de la Fou (tgl. 10–18 Uhr | 10 Euro | gorgesdelafou.com)* ab. Das Flüsschen Fou hat hier eine bis zu 250 m tiefe, enge Schlucht (teilweise 1 m breit und damit angeblich die schmalste Schlucht der Welt) von fast 2 km Länge gegraben. Ein anderer Ausflug führt auf einer schönen Bergstraße nach INSIDER TIPP *Corsavy*, einem urigen Bergdörfchen mit den Resten einer romanischen Kirche und einem alten Wachtturm. Auskunft: *Maison de Palau | Tel. 04 68 39 11 99 | www.tourisme-haut-vallespir.com*

INSIDER TIPP BALCON DE MADELOC ☀ **(143 F6)** *(🗺 E11)*
Die schöne Bergstraße D 86 zwischen Collioure und Banyuls (20 km) führt durch eine karge Landschaft. Sie passieren die *Ermitage de Notre-Dame-de-Consolation* mit Exvotos (Weihegaben) von Seeleuten und die ☀ *Tour Madeloc,* einen Wachturm mit atemberaubender Aussicht.

BANYULS-SUR-MER (143 F6) *(🗺 E11)*
Das alte Küstenstädtchen (4600 Ew.) schmiegt sich an den breiten Sand-Kies-Badestrand der Anse du Fontaulé. Bekannt ist der Banyuls-Wein, große Kellereien liegen oberhalb des Orts an der D 86. Aus dem Rohstoff für weißen Banyuls stellen Nathalie und Edgar Lefort im benachbarten Port-Vendres in ihrer INSIDER TIPP *Essigmanufaktur (La Guinelle | Hameau de Cosprons | Tel. 04 68 98 01 76 | www.levinaigre.com)* feinsten *vinaigre* her.

Das *Biodiversarium (Kombiticket 7,50 Euro | www.biodiversarium.fr)* des Forschungslabors Arago eröffnet 2017 neben seinem *Mittelmeergarten (Juli/Aug. tgl. 9.30–12.30 und 14–18, Sept.–Juni Mi–So 14–18 Uhr | 5 Euro)* sein neues Aquarium zum Artenreichtum des als *réserve naturelle marine* ausgewiesenen Küstenstreifens.
Gut übernachten und essen können Sie im *Les Elmes (31 Zi. | Plage des Elmes | Tel. 04 68 88 03 12 | www.hotel-des-elmes.com | €€–€€€)* direkt am Sandstrand. Das dazugehörige Restaurant *La Littorine (Okt.–Mai Mo/Di geschl. | €€€)* zieht Feinschmecker aus der ganzen Region an.
4 km südlich von Banyuls liegt das *Musée Maillol (Sommer Di–So 10–12 und 16–19, sonst 10–12 und 14–17 Uhr | vallée de la Roume | 12 Euro inkl. Sonderausstellungen | www.musee-maillol.com)* in einem Bauernhaus, wo der 1861 in Banyuls geborene Bildhauer Aristide Maillol oft arbeitete und beerdigt ist.

CÉRET (143 E6) *(🗺 D11)*
Das charmante Städtchen (7600 Ew.) 30 km westlich von Collioure trägt mit Stolz den Beinamen „Mekka des Kubismus". Zu Beginn des 20. Jhs. wurde es von den Künstlern entdeckt und geliebt, allen voran von Pablo Picasso, der viele Kollegen zum Kommen animierte: Georges Braque, Henri Matisse, Jean Cocteau, Marc Chagall, Raoul Dufy. Im ausgezeichneten ● *Musée de l'Art Moderne (Mitte Juni–Mitte Sept. tgl. 10–19, sonst Mi–Mo 10–17.30 Uhr | 8 Euro)* sind ihre Werke zu bewundern. Regelmäßig gibt es auch sehenswerte Ausstellungen zeitgenössischer Maler.
Der Rundgang *Chemins Sublimés* zeigt im mittelalterlichen Zentrum 20 Reproduktionen von Gemälden, die Maler hier geschaffen haben. Sehenswert ist neben der *Kirche* mit einer herrlichen Orgel (regelmäßige Konzerte) das *Monument*

aux Morts (place de la Liberté), für das Aristide Maillol eine trauernde Frau als Motiv für die Erinnerung an die Gefallenen wählte. Für zeitgenössische Kunst engagiert sich die *Galerie Odile Oms (Mitte Juli/Aug. tgl. 10.30–12.30 und 14–20, Juni/Juli, Sept.–Nov. Di–Sa 11–12.30 und 14–19 Uhr | 12, rue du Commerce | www.odileoms.com)*.

Überall Gemälde und Kunstdrucke finden Sie im *Hôtel Vidal (10 Zi. | place Soutine | Tel. 04 68 87 00 85 | www.hotelceret.com | €)*, das zusammen mit dem *Restaurant del Bisbe* (€–€€) in einem alten Bürgerhaus mit herrlichen Terrassen für Frühstück und Essen untergebracht ist. Kreative Küche serviert das *Café-Restaurant Le France (Nov.–Mai Mo-Abend und Di geschl. | 35, boulevard Maréchal Joffre | Tel. 04 68 87 11 27 | €)* auf der Terrasse. Der großartige *Vieux Pont,* auch Pont du Diable („Teufelsbrücke") genannt, stammt aus dem 14. Jh. – er hat einen einzigen Bogen von 45 m Spannweite. Auskunft: *1, avenue Clemenceau | Tel. 04 68 87 00 53 | www.ot-ceret.fr*

INSIDER TIPP PAULILLES

(143 F6) *(🕮 E11)*

Die wunderbare Wandlung einer ehemaligen Dynamitfabrik, die 1960 noch 20 t Sprengstoff am Tag produzierte: 1998 kaufte der Conservatoire du Littoral das 32 ha große Grundstück direkt am Meer mit seinen drei Stränden zwischen Port-Vendres und Banyuls-sur-Mer. Das Departement richtete am Meer eine Werkstatt für katalanische Boote ein, ein Museum zeichnet die Geschichte der Fabrik nach und ein Bootshaus ist Ausgangspunkt für Schnorchelausflüge in der Schutzzone. *Le Grand Site de l'Anse de Paulilles | short.travel/lgr9*

An der plage Bernardi hat das Weingut *Domaine de Valcros (Tel. 04 68 82 04 27 | www.domainedevalcros.com)* nur etwa 200 m vom Meer entfernt in der *Auberge du Clos de Paulilles (Mai–Sept. | Tel. 04 68 98 07 58 | €€)*, in der die eigenen Weine serviert werden, drei Gästezimmer und zwei Ferienwohnungen eingerichtet.

PRATS-DE-MOLLO (143 D6) *(🕮 C11)*

Im hinteren Haut Vallespir mit seinen über 20 ausgeschilderten Wanderwegen liegt 65 km westlich nahe der spanischen Grenze der hübsche Bergort (1100 Ew.). Er besteht aus einer mittelalterlichen Ville Haute und der belebten Ville Basse mit schönen Villen aus Granit und der *Kirche* aus dem 13. Jh. Von dort führt ein rund 300 m langer Weg zu dem vom Festungsbaumeister Sébastien de Vauban errichteten *Fort Lagarde* (1692). Zum Übernachten und Essen (ausgezeichnete katalanische Küche!) empfiehlt sich das *Bellevue (17 Zi. | place du Foiral | Tel. 04 68 39 72 48 | www.hotel-le-bellevue.fr | €–€€)*.

NARBONNE

(143 F3) *(🕮 D8)* **Seit der Antike ist Narbonne ein Verkehrsknotenpunkt. Wo sich heute die Autobahnen nach Toulouse und Spanien kreuzen, handelten einst die Römer mit Wein.**

Die alte Stadt (53 000 Ew.), in römischer Zeit Hafen und Hauptstadt der Provinz Gallia Narbonensis, hat beeindruckende Zeugnisse aus ihrer mehr als 2000-jährigen Geschichte bewahrt. Mit der Verlandung des Hafens im 14. Jh. ging es indes wirtschaftlich bergab. Nur der mitten durch die Stadt geführte Canal de la Robine verbindet Narbonne noch mit dem rund 16 km entfernten Meer, aber der Lage im großen Weingebiet Corbières verdankt die Stadt soliden Wohlstand.

SEHENSWERTES

BASILIQUE ST-PAUL-SERGE
Die zweitgrößte Kirche der Stadt, errichtet an der Stelle einer frühchristlichen Nekropole. Sehr schön ist der elegante Chor von 1229. Das Weihwasserbecken bei der Südpforte ist der berühmte *Bénitier à la Grenouille*. *rue Arago*

Die große Freiheit unter weißer Leinwand: Segelboot an der Côte Vermeille vor Paulilles

CATHÉDRALE ST-JUST-ET-ST-PASTEUR
Mit dem Palais des Archevêques und dem Hôtel de Ville bildet die Kathedrale einen burgartigen Gebäudekomplex mitten in der Altstadt. Nach der Grundsteinlegung 1272 entstand als Erstes der großartige Chor, mit 41 m einer der höchsten in Frankreich. Dem weiteren Bau widersetzten sich die Stadtväter, weil das die Zerstörung eines Teils der Stadtmauer bedeutet hätte. Das Innere schmücken u. a. eine prächtige Orgel und Wandteppiche aus Aubusson. Prunkstück des *Trésor (Juli/Aug. tgl. 10–19, Sept.–Juni 9–12 und 14–18 Uhr | Zugang rechts vom Chor)*, des Kirchenschatzes, sind flämische Bildteppiche aus dem 15. Jh., die die Schöpfung darstellen. Der Kreuzgang aus dem 14. Jh. mit kunstvollen Wasserspeiern schließt sich südlich an die Kathedrale an.

MUSÉE LAPIDAIRE
In der ehemaligen *Église Notre-Dame-de-la-Mourguié* sind mehr als 1000 Fundstücke aus römischer und späterer Zeit versammelt: Stelen, Büsten, Sarkophage und andere Steinmetzarbeiten. *Sommer tgl. 9.30–12.15 und 14–18, sonst 10–12 und 14–17 Uhr | place Lamourguié | 6 Euro, Museumspass 9 Euro (s. unten)*

PALAIS DES ARCHEVÊQUES
Der Palast setzt sich aus Bauelementen verschiedener Epochen zusammen: dem Palais Vieux (12. Jh.), dem Palais Neuf (17. Jh.) und dem Donjon Gilles-Aycelin (12. Jh.). Im Palais Neuf befinden sich das *Musée Archéologique* mit Sammlungen zur Prähistorie und Funden aus römischer Zeit sowie das *Musée d'Art et d'Histoire* mit römischen Mosaiken, Gemälden, Möbeln

und Fayencen. *Sommer tgl. 9.30–12.15 und 14–18, sonst 10–12 und 14–17 Uhr | 4 Euro, Museumspass 9 Euro (gültig für 15 Tage in vier Museen, dem Donjon Gilles Aycelin, der Schatzkammer der Kathedrale und dem Geburtshaus von Charles Trenet)*

ESSEN & TRINKEN

L'ESTAGNOL

Gute Brasserieküche mit Blick auf den Canal de la Robine. *Mo-Abend und So geschl. | 5 bis, cours Mirabeau | Tel. 04 68 65 09 27 | lestagnol.fr | €–€€*

TABLE ST-CRESCENT

In einem Gebäude aus dem 7. Jh. liegt Narbonnes Feinschmeckertempel. Das Essen von Küchenchef Claude Giraud ist so erlesen wie der Rahmen und die schattige Terrasse – ein Traum bei schönen Wetter. *Sa-Mittag, So-Abend und Mo geschl. | 68, avenue Général Leclerc | Tel. 04 68 41 37 37 | www.la-table-saint-crescent.com | €€€*

EINKAUFEN

Ein Paradies für Schleckermäuler ist die Markthalle *Les Halles (tgl. 7–13 Uhr | boulevard Docteur Ferroul | halles-de-narbonne.com):* Wurstgirlanden, Kuttelberge, Marzipankuchen, Käselaibe. 1901 entwarf Victor Baltard die schönste Markthalle der französischen Provinz beim Pont de la Liberté. Donnerstag- und sonntagvormittags ist auf der Promenade des Barques und dem Cours Mirabeau *Markt.*

Jede Menge Wissen, Geschichte und Kultur warten im Palast der Erzbischöfe in Narbonne

FREIZEIT & SPORT

CANAL DE LA ROBINE

Auf dem Kanal, der durch die Stadt verläuft, gibt es Elektroboote mit fünf bis sieben Plätzen, für die kein Führerschein verlangt wird und die für 30 bzw. 60 Minuten vermietet werden. *L'Embarcadère | 32, cours de la République | 20–33 Euro*

AM ABEND

Im *Bal Masqué (6, rue Marcelin-Coural)* treffen sich Fans von Salsa, afrikanischer und kubanischer Musik, abends treten oft Livebands auf. Ein Mix aus Restaurant und Bar mit Musik aus den 1980ern, schmackhafter Küche und guten Weinen ist *Le Boulevard Café (4, place des Jacobins)*.

ÜBERNACHTEN

DOMAINE DE BEAUPRÉ

Cathy und Laurent Grand haben in einem ehemaligen Weinkeller auf ihrem Weingut vier Gästezimmer eingerichtet. Sie servieren nach Reservierung ein Abendessen, das von eigenen Tropfen begleitet wird. *Route d'Armissan | Tel. 04 68 65 85 57 | domainedebeaupre.com | €*

DOMAINE DE GLEIZES

Sehr charmant ist dieses Weingut am südlichen Stadtrand Richtung Gruissan, das vier Gästezimmer und Ferienwohnungen anbietet. *Ancien chemin de la Cafforte | Tel. 04 68 32 94 48 | domaine degleizes.com | €*

HÔTEL DE FRANCE

Nur ein paar Schritte von den Markthallen entfernt bietet das Hotel in einem schönen Haus aus dem 19. Jh. preisgünstige Zimmer zum kleinen Innenhof. *16 Zi. | 6, rue Rossini | Tel. 04 68 32 09 75 | www.hotelnarbonne.com | €–€€*

LA RÉSIDENCE

Zentral und ruhig gelegen, befindet sich dieses Hotel nur wenige Gehminuten vom Kanal entfernt. Im Gebäude aus dem 19. Jh. liegen 26 geschmackvoll renovierte, komfortable Zimmer. *6, rue du 1er Mai | Tel. 04 68 32 19 41 | www.hotel-laresidence-narbonne.fr | €€*

AUSKUNFT

31, rue Jean-Jaurès | Tel. 04 68 65 15 60 | www.narbonne-tourisme.com

ZIELE IN DER UMGEBUNG

ABBAYE DE FONTFROIDE ★ (143 E3) (*D9*)

In einem stillen Tal, eingerahmt von üppiger, mediterraner Vegetation, liegt 15 km südwestlich die stattliche, bereits 1093 gegründete Zisterzienserabtei. Ihre Blütezeit erlebte sie im 12./13. Jh., als sie zur reichsten Abtei im Languedoc, aber auch des gesamten Ordens wurde. Bei der einstündigen Führung durch das Kloster werden die wechselvolle Geschichte und die Funktion einer großen Abtei lebendig. Stimmungsvoll sind die INSIDER TIPP nächtlichen Führungen *(Juli/Aug., ausgewählte Termine 21.30–22.30 Uhr | 15 Euro)*.

Im angeschlossenen Restaurant *La Table de Fontfroide (Juli/Aug. tgl. mittags, Mi–Sa auch abends | €–€€)* gibt es gute Mittelmeerküche. *Führungen Juli/Aug. tgl. 10–18, April–Juni, Sept./Okt. 10–12.15 und 13.45–17.30, Okt.–März 10–12 und 14–16 Uhr | 11, Kombiticket mit Château de Salses 15 Euro | www.fontfroide.com*

BAGES (143 F3) (*D9*)

Das Dorf mit kleinem Fischerhafen am Étang de Bages et de Sigean 10 km südlich ist ein Idyll an der so intensiv erschlossenen Küste. Folgt man der Straße Richtung Peyriac-de-Mer, kann man mit etwas Glück auf dem Wasser INSIDER TIPP Flamingoschwärme bewundern.

GRUISSAN (143 F3) *(🕮 D–E9)*
Der Ort (4800 Ew.) 15 km südöstlich von Narbonne hat drei völlig verschiedene Gesichter. Das alte Gruissan windet sich um den Felsen mit der Ruine des Barbarossa-Turms, samstagvormittags wird es zum Freiluftmarkt. Daneben ist ein

Grazile Schönheiten im Federkleid: Flamingos an Narbonnes Stränden

großer Yachthafen am Étang du Grazel, und der Strand mit dunkelgrauem Sand bestickt mit kleinen Ferienhäusern auf Pfählen. Einst logierten hier Fischer, Regisseur Jean-Jacques Beineix hat 1986 im Film „Betty Blue – 37,2 Grad am Morgen" die Chalets zur Kultkulisse gemacht.
Südlich des alten Ortskerns verraten Führungen durch die *Saline (www.lesalindegruissan.fr)* von Gruissan wie Meersalz gewonnen wird, samt Shop und stylischem Café mit Blick auf die Salzgärten. Feinschmecker lieben das Restaurant *Le Lamparo (Sept.–Juni Mo/Di geschl. | 4, rue Amiral Courbet | Tel. 04 68 49 93 65 | lelamparorestaurant.fr | €€)* mit Fischspezialitäten. Auskunft: *boulevard du Pech Maynaud | Tel. 04 68 49 09 00 | www.gruissan-mediterranee.com*
Gruissan ist der ideale Ausgangspunkt für Ausflüge ins zauberhafte Karstmassiv **INSIDER TIPP** *Montagne de la Clape*, das mit seinem 214 m hohen Gipfel wie ein stiller Fels am Meer ruht. Es gehört wie die Binnenseen *(étangs)* von Bages, Sigean, Pissevaches und Lapalme zum *Parc Naturel Régional de la Narbonnaise en Méditerranée (www.parc-naturel-narbonnaise.fr)*. Die Hügel sind für ihre Weine bekannt. Eine der besten Adressen ist das Weingut *Château L'Hospitalet (38 Zi. | route de Narbonne-Plage | Tel. 04 68 45 28 50 | www.chateau-hospitalet.com | €€€)* mit luxuriösem Hotelrestaurant. Zu den besten Tropfen der Corbières rattert ein Minizug 80 m in einen Stollen: Bei **INSIDER TIPP** *Terra Vinea (Feb.– Dez. tgl. 10 – 17.30, Juli/Aug. bis 18 Uhr | chemin des Plâtrières | Portel-des-Corbières | 9,40 Euro | www.terra-vinea.com)* wird Wein zum Multimedia-Spektakel.

LAGRASSE (143 D3) *(🕮 C9)*
Die ehemalige Hauptstadt der Corbières (500 Ew.) 42 km südwestlich ist dominiert von der *Abtei Ste-Marie*, die nach der Französischen Revolution geteilt wurde: Im Kloster leben die Mitglieder des kleinen Ordens Les Chanoines Réguliers de la Mère de Dieu, die im Sommer den Kreuzgang und die gotische Kirche aus dem 13. Jh. öffnen *(tgl. 15.15–17.25 Uhr | 4 Euro | lagrasse.org)*. Nebenan liegen der alte Bischofssitz, die Kapelle und der Schlafsaal aus dem 13. Jh. mit seinen wunderbar erhaltenen Bögen *(Juli–Sept. tgl. 10–19, Okt.–Juni 10–12.30 und 14–17 Uhr | 4 Euro | www.abbayedelagrasse.com)*.

Von der Abtei geht es über die Steinbrücke aus dem 12. Jh. in das Dorf mit heute nur noch 600 Ew., das mit einer Markthalle aus Holz und kleinen Häusern seinen mittelalterlichen Charakter bewahrt hat. Mittendrin liegt das Restaurant *Les Trois Graces (Di-Mittag und Mo geschl. | 5, rue du Quai | Tel. 04 68 43 18 17 | lestrois graces.pagesperso-orange.fr | €)*, das auch vier Gästezimmer anbietet.

Von Lagrasse lohnt sich ein Ausflug nach *Mayronnes* (10 km), zu dem im Sommer interessanten, gut 5 km langen ● *Sentier Sculpturel* durch Weinberge und Garrigue mit Skulpturen von zeitgenössischen Künstlern der Region *(Eintritt frei | www.sentiersculpturel.com)*.

NARBONNE-PLAGE UND ST-PIERRE-SUR-MER (143 F3) (*🕮 E8–9*)

Im Osten von Narbonne liegen die beiden typischen Badeorte mit endlos langen Sandstränden, die im Winter zu Geisterstädten werden. Beeindruckend ist die Schlucht *L'Œil-Doux* mit riesigen weißen Felswänden, die wie ein antikes Theater einen kleinen, smaragdgrünen See umschließen. Start für den einstündigen Spaziergang (festes Schuhwerk) ist ein Parkplatz an der Landstraße zwischen St-Pierre-sur-Mer und Fleury-d'Aude.

Wie Meersalz gewonnen wird, erleben Sie bei Kutschfahrten durch die ● *Salin de la Palme (Mitte Juli–Ende Aug. Sa/So 11.30, 14.30, 15.30, 16.30, 17.30 | La Pacheyrasso | 13,50 Euro | salindelapalme.com)*.

PERPIGNAN

KARTE IM HINTEREN UMSCHLAG

(143 E5) (*🕮 D10*) **Rot-gelb wehen die Flaggen, Perpinyá steht stolz auf dem Ortsschild: In der Hauptstadt (116 000 Ew.) des Roussillon herrschen katalanisches Erbe und Lebenslust.**

> **CITY WOHIN ZUERST?**
> Am bequemsten ist das *Parkhaus Wilson (22, boulevard Wilson)* an der Promenade des Platanes zu erreichen. Von dort schlendern Sie in wenigen Minuten am Kanal entlang in die Innenstadt, wo der roten Backsteinbau des Castillet an der **Place de Verdun** ein Orientierungspunkt ist. Vom Bahnhof fahren die Busse 2, 6, 8, 9, 13, 14, 15, 17 und 34 zur Place de Verdun.

Beim Bummel durch die INSIDER TIPP Gassen der Altstadt, bei den Sardana-Tänzen auf der place de la Loge, beim Espresso oder *café au lait* auf palmengesäumten Plätzen oder in einer *casa* oder *bodega* mit katalanischer Speisekarte fühlt man sich fast jenseits der Grenze.

SEHENSWERTES

CAMPO SANTO

Einer der ältesten mittelalterlichen Friedhöfe Frankreichs. Er bildet mit seinen restaurierten gotischen Arkaden, den Grabnischen der reichen Familien von Perpignan und den weiten Rasenflächen einen schönen Ort der Ruhe mitten in der Stadt. *Sept.–Juni Mo und Mi–Sa 10–12 und 15–19, So 14–17 Uhr | rue Amiral Ribeil (bei der Kathedrale St-Jean)*

CASTILLET (CASA PAIRAL)

Der Backsteinbau aus dem 14. Jh. mit seinen beiden Türmen war einst Teil der Stadtbefestigung und diente als Stadttor. Vom Turm haben Sie einen schönen Blick auf Stadt und Umgebung. Im Innern befindet sich die *Casa Pairal*, ein interessantes katalanisches Museum. *Mai–Sept. Mi–Mo 10–18.30, Okt.–April 11–17.30 Uhr | place de Verdun | 2 Euro*

CATHÉDRALE ST-JEAN

Eine der schönsten gotischen Kirchen des Mittelmeerraums. Begonnen 1324, wurde die Kathedrale erst 1509 geweiht. Romanisch ist ein Christusportal aus Marmor. Eindrucksvolle 48 m misst das einzige Schiff, in den zahlreichen Kapellen sieht man schöne Altarblätter. *place Gambetta*

MUSÉE HYACINTHE RIGAUD

Neben den Gemälden des berühmten Porträtisten (1659–1743) aus Perpignan sind Werke von Raoul Dufy, Pablo Picasso, Aristide Maillol und anderen zu sehen. *Hôtel de Lazerme | Mai–Sept. Mi–Mo 12–18.30, Okt.–April 11–17.30 Uhr | 16, rue de l'Ange | Eintritt frei*

PALAIS DES ROIS DE MAJORQUE

Die sternförmige Zitadelle mit ihren mächtigen Bastionen, gekrönt vom ehemaligen Palast der mallorquinischen Könige, ist die wichtigste Sehenswürdigkeit von Perpignan. Zuerst wurde im 13. Jh. auf dem Hügel Puig del Rey der Palast erbaut, das Bollwerk ringsum entstand nach der französischen Besetzung. Die Cour d'Honneur, der Ehrenhof, lässt die einstige Pracht der Residenz erahnen. Ansonsten ist der strenge Palast so gut wie leer. Vom Turm hat man einen weiten Blick über die Stadt bis zu den Pyrenäen. *Juni–Sept. tgl. 10–18, Okt.–Mai 9–17 Uhr | 4, rue des Archers | 4 Euro*

ESSEN & TRINKEN

LE FIGUIER

Im Zentrum von Perpignan, nicht weit von der Kathedrale entfernt, finden Sie dieses kleine, bei Einheimischen beliebte Restaurant, das auf katalanische Küche und Weine aus der Region setzt. *So/Mo geschl. | 7, rue du Figuier | Tel. 04 68 63 14 82 | www.restaurantlefiguier.fr |* €–€€

LA RENCONTRE

Das typische katalanische Restaurant liegt in einer kleinen Straße unweit der place de la Loge, auf der an Sommerabenden regelmäßig die traditionelle *sardane* getanzt wird. Hier werden frische Produkte verarbeitet und ein preisgünstiger Mittagstisch serviert. *Sa–Mo mittags geschl. | 16, rue des Cardeurs | Tel. 04 68 34 42 73 |* €–€€

EINKAUFEN

Der farbenfrohe *Markt (tgl. 7.30–13.30 Uhr)* für Lebensmittel, Kleider und Krimskrams mit gut 100 Ausstellern auf der place Cassanyes ist ein Markenzeichen von Perpignan. Dasselbe gilt für den *Lebensmittelmarkt (Di–So)* morgens auf der place République, wo jeden Samstag Biohändler anrücken. Ganz in der Nähe: der *Mini-Souk in der* rue Paratilla. Für bunte Stoffe in katalanischen Streifen ist die *Maison Quinta (3, rue Grande des Fabriques | www.maison-quinta.com)* die beste Adresse. Was den Wein angeht, sind Sie am besten bei den *Vignerons Catalans (1870, avenue Julien-Panchet | www.vigneronscatalans.com)* aufgehoben, die gut 2000 Winzer der Region vertreten.

ÜBERNACHTEN

HÔTEL DE LA LOGE

In einem Gebäude aus dem 17. Jh. ist dieses preisgünstige kleine Hotel untergebracht. 22 hübsch eingerichtete Zimmer (teilweise mit Klimaanlage), zentrale Lage. *1, rue des Fabriques d'en Nabot | Tel. 04 68 51 71 30 | www.hoteldelaloge.fr |* €

HÔTEL VILLA DUFLOT

Traumhaft: Die wunderschöne, in mediterranem Stil erbaute Villa liegt in einer grünen Oase, hat reizend möblierte, große Zimmer, luxuriöse Bäder und

Südliches Flair herrscht in den katalanisch geprägten Altstadtgassen von Perpignan

einen Pool. Im Restaurant feine Küche. *24 Zi. | rond-point Albert Donnezan | Tel. 04 68 56 67 67 | www.villa-duflot.com | €€€*

AUSKUNFT

Palais des Congrès | place Armand-Lanoux | Tel. 04 68 66 30 30 | www.perpignantourisme.com

ZIELE IN DER UMGEBUNG

INSIDER TIPP CASTELNOU

(143 E5) (*D10*)

Ein mittelalterliches Bilderbuchdorf 18 km südwestlich mit der ältesten Burg (um 990, im 19. Jh. restauriert) des Roussillon. Im Schloss werden exzellente Weine aus der Umgebung verkauft. *Juni–Aug. tgl. 10–19 Uhr | 5,50 Euro | www.chateaudecastelnou.fr*

FITOU (143 E4) (*D9*)

Das Fitou bekam 1953 als eines der ersten Anbaugebiete der Region die geschützte Herkunftsbezeichnung AOC. Das bescheidene Dorf *Tuchan* mit seinen im Kreis um den zentralen Platz gebauten Häusern 40 km nordwestlich von Perpignan ist das Zentrum des Fitou und beherbergt mit den *Vignerons du Mont Tauch (Tel. 04 68 45 41 08 | www.mont-tauch.fr)* eine der größten Kooperativen der Gegend. Sehenswert sind die romanische Kirche St-Félix im Weindorf *Embres-et-Castelmaure* 18 km nördlich von Tuchan und die *Schlossruine von Padern* 8 km südwestlich von Tuchan auf dem Weg zu den großen Katharerschlössern Quéribus und Peyrepertuse. Die Ruine des *Schlosses Aguilar (April–Mitte Juni tgl. 10–18, Mitte Juni–Sept. 9–19, Okt./Nov. 11–17 Uhr | 3,50 Euro)* thront auf einem Hügel inmitten der Weinberge.

FORT DE SALSES (143 E4) (*D10*)

Das im 15. Jh. erbaute, prächtige Fort wenige Kilometer nördlich erinnert an die Zeit, als Frankreich und Spanien um das Roussillon kämpften. Bei der Führung

Orgelpfeifen? Felskathedralen? Naturwunder! Lers Orgues bei Ille-sur-Têt

wird außer militärtechnischen Einrichtungen auch der für seine Zeit überaus moderne Wohnkomfort gezeigt: WC, Kühlanlagen, eine Art Sauna und mehr. *April–Sept. tgl. 10–18.30 Uhr | 7,50 Euro | forteresse-salses.fr*

ILLE-SUR-TÊT (143 D5) (*🕮 C10*)

Das sympathische Städtchen 26 km westlich mit seinen schmalen, mittelalterlichen Gassen wird vom viereckigen Glockenturm der Kirche *St-Étienne-del-Pradaguet* aus dem 14. Jh. überragt. Einen Besuch lohnt das reich mit sakraler Kunst bestückte ★ *Hospici d'Illa (Mitte Juni–Sept. Mo–Fr 10–12 und 14–19, Sa/So 14–19, Okt./Nov. und Feb.–Mitte Juni Mi–Mo 14–18 Uhr | 4 Euro)*, in dem auch interessante wechselnde Ausstellungen zu sehen sind.

In nordöstlicher Richtung, nahe am Ortsausgang, ist das Naturwunder INSIDER TIPP *Les Orgues (April–Sept. 9.30–19, Nov.–Feb. 10–18 Uhr | 5 Euro)* zu betrachten: Felssäulen wie überdimensionale Orgelpfeifen oder Schornsteine.

MÉMORIAL DU CAMP DE RIVESALTES (143 E4–5) (*🕮 D10*)

Ab 1942 war Rivesaltes Hauptsammellager für die Juden in der „freien Zone". 2313 jüdische Häftlinge wurden von dort mit Zügen in das Durchgangslager Drancy oder direkt nach Auschwitz deportiert. Das Lager, das in 22 Jahren mehr als 20 000 Menschen durchliefen, ist heute ein Museum, das unter die Haut geht. *April–Okt. tgl. 10–18, Nov.–März Di–So 10–18 Uhr | avenue Christian Bourquin | 8 Euro | memorialcamprivesaltes.eu*

CHÂTEAU DE PEYREPERTUSE ★ (143 D4) (*🕮 C9*)

Der Aufstieg, erst im Auto, dann gut 20 Minuten zu Fuß (festes Schuhwerk erforderlich!) zu der knapp 50 km nordwestlich gelegenen Burganlage ist atemraubend. Die größte Burg im *pays cathare* erstreckt sich über 90 000 m² und gleicht mit ihren fast 2,5 km langen Mauern eher einer Stadt auf schroffem Fels. Sie lag im 12. Jh. im Machtbereich des Königs von Aragón und und war daher zunächst vom Kreuzzug gegen die Katharer nicht betroffen. Erst als sich 1240 mehrere „Ketzerherren" hierher flüchteten, wurde sie belagert, und Guilhem de Peyrepertuse ergab sich dem französischen König. Die Burg besteht aus drei Teilen: untere und mittlere Befestigungsmauern sowie Donjon Sant Jordy bzw. Château St-Georges. Gegenüber dem einzigen Eingang zur Burg liegt die romanische Kirche Ste-Marie. Daneben steht der alte Donjon. Der mittlere Teil der Burg wird durch einen Wachtturm *(Tour de Guet)* gesichert. Zum obersten Teil steigt man über die in den Fels gehauene *Escalier de St-Louis,* eine Treppe, die Ludwig der Heilige um 1242 anlegen ließ. An den Donjon des Château St-Georges ist die *Kapelle Sant Jordy* gebaut, mit 796 m der höchste Punkt von Peyrepertuse. Von hier reicht der Blick bis zum Mittelmeer. *Juli/Aug. tgl. 9–20.30, Juni, Sept. 9–19, April/Mai, Okt. 10–18.30, Feb./März, Nov./Dez. 10–17 Uhr | 6,50, Juli/Aug. 9 Euro | www.chateau-peyrepertuse.com*

CHÂTEAU DE QUÉRIBUS

(143 D4) *(C9–10)*

Am Weg nach Peyrepertuse liegt die Burg knapp 40 km nordwestlich von Perpignan wie ein Adlerhorst auf steilem, 728 m hohem Fels. Sie wurde nach dem Fall von Montségur 1255 als letzte katharische Bastion nach kurzer Belagerung gegen freies Geleit übergeben. Nach umfangreichem Ausbau diente sie dem französischen König zur Sicherung des Roussillon und der Grenze nach Aragón. Quéribus besteht aus drei übereinander gelegenen Befestigungen. Kernstück ist der mächtige Donjon mit einem schönen gotischen Gewölbesaal und zentralem Pfeiler. *Juli/Aug. tgl. 9–20, April–Juni, Sept. 9.30–19, März, Okt. 10–18, Nov./Dez., Feb. 10–17 Uhr | 6,50 Euro*

TAUTAVEL ★ (143 E4) *(D10)*

30 km nordwestlich macht die Hochburg der Vorgeschichte im Roussillon mit dem 450 000 Jahre alten *Homme de Tautavel* bekannt, dessen Schädel- und Skelettreste 1971 und 1979 in der Grotte Caune de l'Arago gefunden wurden. Das *Musée de Tautavel/Centre Européen de Préhistoire* bringt Besuchern mit moderner Technik das Leben im Roussillon zwischen 700 000 und 100 000 v. Chr. nahe – samt der Nachbildung der Grotte und dem Skelett des rund 1,65 m großen „ersten Europäers". *Juli/Aug. tgl. 10–19, April–Juni, Sept. 10–12.30 und 14–18, Okt.–März 10–12.30 und 14–17 Uhr | 8 Euro | www.tautavel.com*

PRADES

(143 D5) *(C10)* **Das Städtchen (6000 Ew.) am Fuß des Pic du Canigou ist das geeignete Standquartier für Ausflüge in die Gegend wie nach Eus, Evol oder Mosset, die zu den schönsten Dörfern Frankreichs zählen.**

Von Ende Juli bis Mitte August pilgern zudem Musikfreunde aus aller Welt zum Festival Pablo Casals in den hübschen Ort und in die benachbarte Abbaye St-Michel-de-Cuxa. 1950 wählte der große spanische Cellist (1876–1973) Prades während der Franco-Diktatur als Exil.

SEHENSWERTES

ÉGLISE ST-PIERRE

Die Altstadt wird vom imposanten Glockenturm der Kirche überragt. Man erbaute ihn im 12. Jh. aus heimischem Marmor. Im Innern prunkt ein herrlicher Barockaltar des großen katalanischen Bildhauers Joseph Sunyer. Sehenswert auch eine Pietà, ein schwarzer Christus aus dem 16. Jh. und der *trésor,* der Kirchenschatz *(Juli–Sept. Mo–Fr 10–12 und 15.30–18 Uhr).* Für 1 Euro wird das Kunstwerk aus dem 17. Jh. mit seinen über 100 Skulpturen beleuchtet.

MUSÉE PABLO CASALS

Ein Saal in der städtischen Mediathek ist dem weltberühmten Cellisten Pablo Casals gewidmet, der viele Jahre während seines Exils in Prades lebte und 1950 in der Kirche St-Pierre zum 200. Todestag von Johann Sebastian Bach ein großes Festival organisierte. In den anderen Sälen sind Gemälde des aus Prades stammenden Malers Martin Vivès sowie eine archäologische Sammlung untergebracht. *Mo–Fr 9–12 und 14–17, Sommer bis 18 Uhr | 4, rue Victor-Hugo | Eintritt frei | paucasals.org*

ESSEN & TRINKEN

LE PATIO

Ein kleines Restaurant mitten in der Stadt gegenüber der Kirche, mit hübschem Saal, einer Terrasse und guter Regionalküche. *Sa-Mittag und So-Abend geschl. | 19, place de la République | Tel. 04 68 05 35 60 |* €–€€

ÜBERNACHTEN

MAISON 225

Die Iren Declan und Sharon O'Kane haben ein Haus aus dem Ende des 19. Jhs. mustergültig renoviert und vier großzügige Gästezimmer alle mit Blick auf den Canigou eingerichtet. Im Park gibt es zudem ein Schwimmbad. In der Hochsaison kostet die große *suite terrasse* mit Balkon 85 Euro (Frühstück inkl.). *225, avenue Général de Gaulle | Tel. 04 68 05 52 79 | www.225prades.com |* €

LE MOLIÈRE

13 km südlich von Prades in *Casteil* am Fuß des Pic du Canigou liegt dieses charmante, kleine Familienhotel mit acht einfach, aber komfortabel eingerichteten Zimmern. Sehr gute Regionalküche im Restaurant. *Tel. 04 68 05 50 97 | www.lemoliere.com |* €–€€

AUSKUNFT

4, rue des Marchands | Tel. 04 68 05 41 02 | www.prades-tourisme.fr

ZIELE IN DER UMGEBUNG

ABBAYE ST-MARTIN-DU-CANIGOU ★

(143 D6) *(C10–11)*

Das Ensemble der Klosterbauten 12 km südlich auf 1094 m Höhe vor dem Schneegipfel des Pic du Canigou ist hinreißend. Der steile Anstieg vom Dorf Casteil (zwei Stunden hin und zurück) in herrlicher Bergwelt bereitet angemessen auf die Begegnung vor. St-Martin-du-Canigou wurde 1001 gegründet, im 15. Jh. zerstörte ein Erdbeben die Abtei, die erst im 20. Jh. weitgehend wieder aufgebaut wurde. Nach der Besichtigung empfiehlt sich der Aufstieg rechter Hand über eine Treppe durch den Wald zu einem Felsvorsprung mit tollem Blick über die Anlage. *Führungen Juni–Sept. tgl. 10–17 Uhr stdl., Okt.–Dez., Feb.–Mai 10, 11, 14, 15 und 16 Uhr | 6 Euro | stmartinducanigou.org*

ABBAYE ST-MICHEL-DE-CUXA

(143 D5) *(C10)*

Das uralte Kloster 3 km südlich war bereits in vorromanischer Zeit ein kultureller Mittelpunkt des Roussillon. Die

Bis ins Mittelalter reichen die Ursprünge der Benediktinerabtei St-Michel-de-Cuxa zurück

Kirche wurde 974 geweiht; zahlreiche bedeutende Männer ihrer Zeit, darunter der Doge von Venedig, suchten hier innere Einkehr. Während der Französischen Revolution wurde das Kloster verkauft, seine Kunstschätze wurden verschleudert. Alljährlich Ende Juli bis Mitte August findet in der Abtei das in der Musikwelt berühmte *Festival Pablo Casals* statt. *Mai–Sept. tgl. 9.30–11.50 u. 14–18, Okt.–April Mo–Sa 9.30–11.50 u. 14–17, So 14–17 Uhr | 6 Euro*

FONT-ROMEU UND ODEILLO

(142 C6) *(🕮 B11)*

45 km westlich ist der Ort aus der Retorte (um 1920 geschaffen, 2000 Ew.) auf 1800 m eines der wichtigsten Skiziele der französischen Pyrenäen, wird aber wegen seines Klimas ganzjährig besucht. Sehenswert ist der *Four Solaire (Juli/Aug. tgl. 10–19.30, Sept.–Juni 10–12.30 und 14–18 Uhr | 7 Euro | www.foursolaire-fontromeu.fr)* im Dorf Odeillo. Der mit 3000 m^2 Spiegeln größte Sonnenofen der Welt dient zur Erforschung keramischer und metallurgischer Stoffe bei extremen Temperaturen. In einer Ausstellung erfahren Sie alles über Sonnenenergie und die Arbeit des Forschungszentrums.

INSIDER TIPP LE PETIT TRAIN JAUNE

(142–143 B–D 5–6) *(🕮 B–C 10–11)*

Der „kleine gelbe Zug" zuckelt vom 4 km westlich gelegenen Villefranche-de-Conflent in den auf 1231 m gelegenen Grenzort Latour-de-Carol. Ursprünglich sollte er die abgelegenen Pyrenäentäler erschließen. Heute ist der Zug ein Touristenmagnet erster Güte. Die Fahrt führt über zwei beeindruckende Talbrücken und 19 Tunnel durch eine Berglandschaft von atemraubender Schönheit. Diese können Sie dank der gemächlichen Geschwindigkeit ausführlich genießen. Sie können die Fahrt auch unterbrechen und beispielsweise in Font-Romeu oder Mont-Louis haltmachen. Im Sommer gibt es auf der 63 km langen Strecke täglich

Tunnels, Täler, tolle Berge: im Petit Train Jaune

etwa sechs Hin- und Rückfahrten. *Hin- und Rückfahrt Gesamtstrecke 42,40 Euro*

MONT-LOUIS (142 C6) *(🕮 B11)*
Die Festungsstadt (400 Ew.) 35 km südwestlich von Prades wurde im 17. Jh. von Sébastien de Vauban entworfen. Die Zitadelle in 1600 m Höhe ist noch heute eine Ausbildungsstätte der französischen Armee – und Standort des ersten *Sonnenofens (Four Solaire | tgl. 10–12.30 und 14–18, im Hochsommer bis 19, im Winter bis 17 Uhr | 6,50 Euro | www.four-solaire.fr)* der Welt von 1949, in dem heute noch Keramik emailliert und Bronze geschmolzen wird. Die Festung ist Ausgangspunkt für Ausflüge zum Naturparadies rund um den Stausee INSIDER TIPP *Lac des Bouillouses (Juli/Aug. Busshuttle | 5 Euro)* auf 2000 m Höhe mit herrlichen Wanderwegen zu den Teichen *(étangs)* mit ihren Weideflächen am Fuß des 2921 m hohen Pic Carlit, des höchsten Bergs des Departements Pyrénées-Orientales.
4 km nördlich in *La Llagonne* wartet in der ehemaligen Poststation das *Hotel Corrieu (20 Zi. | Tel. 04 68 04 22 04 | www.hotel-corrieu.com | €–€€€)* mit einem Wellnessbereich und zwei herrlichen Suiten im Dachgeschoss mit Blick auf die Pyrenäen auf. Und knapp 10 km östlich lockt im kleinen Dorf *Fontpédrouse* mit den ● *Bains de St-Thomas (tgl. 10–19.40, Juli/Aug. bis 20.40 Uhr | 7 Euro Außenbecken, 13 Euro Hamam und Innenbereich | www.bains-saint-thomas.fr)* eines der schönsten Thermalbäder der Region: drei Außenbecken auf 1150 m Höhe mit rund 37 Grad warmem Wasser!

PIC DU CANIGOU ★ (143 D6) *(🕮 C11)*
Mit 2784 m ist der gut 20 km südlich gelegene Canigou zwar keineswegs der höchste Berg der französischen Pyrenäen, sein stolzes Profil und die ganzjährige Schneekappe aber haben ihn zum „heiligen Berg der Katalanen" gemacht. Alljährlich wird zu Johanni im Juni ein Feuer auf dem Gipfel entzündet und mit Fackeln in die Täler beiderseits der Grenze getragen. Nur zwei Forstwege führen bis in Gipfelnähe, von denen einer für normale PKW nicht befahrbar ist; man kann aber von Prades aus mit Geländewagen bis zum Chalet-Hôtel des Cortalets fahren, von wo es bis zum Gipfel rund anderthalb Stunden zu Fuß sind.

PRIEURÉ DE SERRABONE
(143 D5) *(🕮 C10)*
Ein stiller Ort der Einkehr ist dieses kleine Kloster 25 km östlich. Es wurde im 11. Jh. von Augustinern gegründet, die hier im kargen, von der Sonne ausgedörrten Hügelland der Aspres wie die Eremiten lebten. Die Askese hinderte sie nicht, die

besten Bildhauer und Steinmetzen des Roussillon zu engagieren, die aus Serrabone eine Perle der Romanik machten. Vorbei an den prächtigen Kapitellen der säulengeschmückten Südgalerie betritt man die aus großen Schieferblöcken errichtete Kirche. Sie birgt ein Kunstwerk von hohem Rang: die reich geschmückte, säulengetragene Tribüne aus rosa Marmor mit herrlichen Kapitellen. Neben Greif, Adler und Löwe sieht man Engel und Monstren in der Darstellung der Apokalypse. *Tgl. 10–18 Uhr | 4 Euro*

VERNET-LES-BAINS (143 D6) *(🕮 C10)*
Schön ist der Anblick des 12 km südlich gelegenen Dorfs (1500 Ew.) mit dem weiß leuchtenden Pic du Canigou im Hintergrund, der schon den englischen Schriftsteller Rudyard Kipling begeistert hat. Im neueren Ortsteil liegt das kleine Kurzentrum mit Thermalquelle.
Das alte Vernet ist ein Gebirgsdorf mit steilen Gässchen und der hoch gelegenen *Église St-Saturnin* aus dem 12. Jh., daneben eine wieder aufgebaute *Burg* mit zinnengekröntem ★ Turm. Im *Office de Tourisme (place de la République | Tel. 04 68 05 55 35 | www.vernet-les-bains.fr)* gibt es ein sehenswertes Heimatmuseum mit regelmäßigern *Führungen (2 Euro)* im Sommer durch das alte Dorf.

VILLEFRANCHE-DE-CONFLENT
(143 D5) *(🕮 C10)*
Der militärische Zweck hat dem Dorf 5 km südwestlich am Zusammenfluss von Têt und Cady den Stempel aufgedrückt: Hohe Mauern und Bastionen erwecken von außen den Eindruck einer Festung. Im Innern findet man ein reizendes Ministädtchen mit Plätzen und Gassen – besonders schön abends, wenn die vielen Souvenirläden geschlossen sind. Lange war der 1090 gegründete Ort das wirtschaftliche Zentrum der Region, woran stattliche Wohnhäuser erinnern. Die imposanten Wälle *(remparts)* sind zu besichtigen *(Sommer tgl. 10–20 Uhr | 4,50 Euro)*. Sehenswert ist auch die stattliche Kirche *St-Jacques* aus dem 12./13. Jh. mit einer Fassade aus rosa Marmor. Über dem Ort thront das *Fort Liberia (Sommer tgl. 10–20 Uhr | Pendelbus von Villefranche | 7 Euro | www.fort-liberia.com)*, eine Verteidigungsanlage, die Sébastien de Vauban 1679 errichtete.
Ein originelles Caférestaurant ist die *Bar El Canigó (tgl. | 89, place du Génie | Tel. 04 68 96 12 19 | www.bistrot-villefranche.com | €)*, die Joël Mené als lustiges Feuerwehrmuseum zum Treffpunkt nicht nur für Touristen macht. Vegetarische Gerichte, preisgünstige Mahlzeiten, eine schattige Terrasse, Konzerte und Ausstellungen sind weitere Trümpfe des Hauses, das zu den „Bistrots de Pays" gehört, die Frankreichs Dörfern neues Leben geben.

QUILLAN

(142 C4) *(🕮 B9)* **Das lebendige Städtchen (3500 Ew.) am Schnittpunkt wichtiger Straßen ins einsame Hochplateau Capcir, in die Bergwelt der Cerdagne und nach Spanien ist ein günstiges Standquartier für Aktivurlaub im Tal des Oberlaufs der Aude.**

ESSEN & TRINKEN/ ÜBERNACHTEN

LA CHAUMIÈRE
Die beste Adresse in der Kleinstadt für ein komfortables Hotel und ein großes Restaurant, das solide Regionalküche in einem preisgünstigen *menu du marché* ebenso wie in einem Feinschmeckermenü serviert. *26 Zi. | 25, boulevard*

Charles de Gaulle | Tel. 04 68 20 02 00 | www.pyren.fr | €€

FREIZEIT & SPORT

LA FORGE

Das Sportzentrum bietet vom Kanufahren über Klettertouren bis zum Canyoning in den Schluchten der Aude oder den Gorges de Galamus alle erdenklichen Freizeitaktivitäten an. Außerdem: preisgünstige Übernachtungsmöglichkeiten in einer Jugendherberge am südlichen Ausgang des Dorfs. *route de Perpignan | Tel. 04 68 20 23 79 | www.laforgedequillan.fr*

AUSKUNFT

Square André Tricoire | Tel. 04 68 20 07 78 | www.aude-en-pyrenees.fr

ZIELE IN DER UMGEBUNG

ALET-LES-BAINS (142 C3–4) *(🕮 C9)*

Das Kurbad 20 km nördlich von Quillan hat eine große Geschichte: Die *Benediktinerabtei (Mai–Okt. Mo–Sa 10–12.30 und 14.30–18 Uhr | 3,50 Euro)* aus dem 9. Jh. wurde 1318 Bischofssitz und in den Religionskriegen des 16. Jhs. zum großen Teil zerstört. Die Ruine der romanischen Abteikirche lohnt heute noch eine Besichtigung.

Das *Hôtel de l'Évêché (30 Zi. | 2, avenue Nicolas Pavillon | Tel. 04 68 69 90 25 | www.hotel-eveche.com | €–€€)* am Ufer der Aude ist mit seinem ordentlichen Restaurant eine Oase der Ruhe für Wassersportfans, die mit Kanu oder Kajak, per Rafting oder Hydrospeed den Fluss erobern wollen. Viele Besucher wollen außerdem den traditionellen *Karneval (6. Jan.–Mitte März Sa/So 11–22 Uhr)* im 9 km nördlich gelegenen *Limoux (www.limoux.fr)* erleben.

CHÂTEAU DE MONTSÉGUR

(142 B4) *(🕮 B9)*

Im letzten Zentrum des Widerstands, ihrer heimlichen Hauptstadt Montségur 40 km westlich von Quillan, hielten die Katharer zehn Monate lang einem katholischen Heer von rund 10 000 Mann stand, ehe die Feste fiel. Über 200 Katharer, die ihrem Glauben nicht abschwören wollten, wurden am 16. März 1244 auf einem riesigen Scheiterhaufen unterhalb der Burg verbrannt. Ein Gedenkstein am Zugangspfad markiert die Stelle des Scheiterhaufens. *Juli/Aug. tgl. 9–19, April–Juni 9–18, Okt. 10–17, März, Nov./Dez., Feb. 11–16 Uhr | 5,50 Euro | www.montsegur.fr*

CHÂTEAU DE PUILAURENS

(142 C4) *(🕮 C10)*

Immer noch strahlt die Burgruine 15 km südöstlich von Quillan geballte Wehrhaftigkeit aus: 700 m hoch, mit Türmen und hohen Mauern auf steil abfallendem Fels, war die Burg praktisch uneinnehmbar. Sie sicherte die Grenze mit Aragón und diente im Kreuzzug gegen die Katharer einigen *bonshommes* und enteigneten *seigneurs* als Zufluchtsort. *Juli/Aug. tgl. 9–20, April–Juni und Sept. 10–18, Okt. 10–17 Uhr | 5 Euro*

CHÂTEAU DE PUIVERT

(142 C4) *(🕮 B9)*

Das Schloss 16 km westlich entstand wie die anderen Katharerburgen erst nach dem Kreuzzug. Umgeben von der Mauer mit sechs Türmen, erstreckt sich der 80 m lange und 40 m breite Hof. Im 32 m hohen Donjon erklingt im Sommer Musik vom Band aus der Zeit der Troubadoure. *Mai–Mitte Nov. tgl. 9–19 Uhr | 5 Euro | www.chateau-de-puivert.com*

Im Dorf Puivert befindet sich das **INSIDER TIPP** *Musée du Quercorb (Mitte Juli–Aug. tgl. 10–19, April–Mitte Juli, Sept.*

Hydrospeed nennt sich die Rafting-Variante ganz ohne Schlauchboot auf dem Fluss Aude

10–12.30 und 14–18, Okt. 14–17 Uhr | 16, rue du Barry-du-Lion | 4 Euro | www.quercorb.com/musee-du-quercorb), in dem Nachbauten historischer Musikinstrumente zu sehen sind.

GORGES DE L'AUDE

(142 C4–5) *(🕮 B10)*

Von der D 117 zwischen Quillan und St-Paul-de-Fenouillet zweigt die D 118 ab, die südwärts durch die Haute-Vallée de l'Aude und das Hochplateau Capcir bis Mont-Louis führt. Eine schöne Strecke, die zuerst durch die engen, von hohen Felsen eingerahmten *Gorges St-Georges,* dann durch die wilden *Gorges de l'Aude* führt – ein Paradies für Kanu- und Kajakfans *(www.rocaqua.com).*

GORGES DE GALAMUS

(143 D4) *(🕮 C9–10)*

Oberhalb der Kleinstadt *St-Paul-de-Fenouillet (1800 Ew., st-paul66.com)* – idealer Ausgangspunkt, um die nahen Katharerburgen Quéribus und Peyrepertuse zu entdecken – hat der junge Fluss Agly einen spektakulär engen Einschnitt in den Karst gefräst: Die Gorges des Galamus verbinden die Départements Aude und Pyrénees-Orientales. Wohnmobile und Reisebusse sind nicht zugelassen, der Verkehr ist halsbrecherisch. Daher ist es auch viel eindrücklicher, den Canyon zu Fuß oder mit dem Mountainbike zu erkunden: Bei den Schrebergärten von St-Paul-de-Fenouillet, das bei Outdoor-Fans und Kletterern für seine beiden Vie Ferrate bekannt ist, beginnt ein Wanderweg hinauf zur Schlucht, außerdem startet hier eine Tagestour mit dem Rad. Am südlichen Eingang baute ein Einsiedler im Mittelalter eine kleine Kapelle samt Wohnhaus in den Fels *(Ermitage Saint-Antoine | Ostern–15. Nov. tgl. 12–18.30 Uhr | Spende willkommen)* – zu Ostern Ziel einer Pilgerfahrt, bei der nach der Messe aus einer XXL-Pfanne gemeinsam ein Omelett genossen wird.

CEVENNEN

Nur 65 km Luftlinie sind es von den Hochhauspyramiden von La Grande-Motte zum 1565 m hohen Mont Aigoual. Dazwischen liegen Welten.

Während sich an den Mittelmeerstränden die Badegäste drängen, herrscht auf den Höhen der Cevennen schier grenzenlose Freiheit. Das Gebiet der wilden Schluchten, der Kalkhochflächen (Causses), Kastanienwälder und Grotten war schon immer ein Zufluchtsort für Andersgläubige, Aufständische und Einsamkeitsfanatiker.

Inzwischen hat sich einiges geändert, wenn auch nicht die Landschaft. Touristen unserer Tage können es halten wie einst Robert Louis Stevenson und sich mit einem Esel auf die Spuren des Autors der „Schatzinsel" begeben. Auf den Causses und den Berghöhen können Sie noch stunden- oder manchmal sogar tagelang wandern, ohne einem anderen Menschen zu begegnen. Sie können aber auch, wie viele andere, im Kanu auf dem Tarn oder der Ardèche paddeln oder die Panoramastraße Corniche des Cévennes im Auto befahren.

ALÈS

(139 D5) (🕮 G5–6) **Die 41000-Ew.-Stadt in einem Bogen des Flusses Gardon verleugnet nicht ihre Vergangenheit als Zentrum für Kohlebergbau, Eisen- und Maschinenindustrie, putzt sich aber immer mehr als Drehscheibe für Tourismus in Süden der Cevennen heraus.**

Bild: Nationalpark Cevennen

An den Gorges du Tarn, auf der Corniche des Cévennes, um den Mont Aigoual: Die Cevennen trumpfen mit großartiger Natur auf

Der große Markt am Montag wird im Sommer von Kunsthandwerkern beschickt und auf den Boulevards mit ihren einladenden Straßencafés herrscht nicht nur bei der Feria an Himmelfahrt buntes Treiben.

SEHENSWERTES

CATHÉDRALE ST-JEAN

Vom ersten, romanischen Bau ist nur die Westfassade erhalten. An das gotische Schiff schließt sich der Renaissancechor an, der im 18. Jh. restauriert wurde. Besondere Beachtung verdienen das schöne Chorgestühl, der bilderreiche Hauptaltar und das Taufbecken mit einem Gemälde, das die Taufe Jesu darstellt.

MUSÉE BIBLIOTHÈQUE PIERRE-ANDRÉ BENOÎT

Beeindruckend ist die Sammlung des Stifters Pierre-André Benoît (1921–1993), seines Zeichens Maler, Dichter, Bildhauer und Drucker. Sie umfasst Werke von Georges Braque, Pablo Picasso, Joan

Mikado-Kunst mit Bambusbäumen: der Hain von Prafrance

Miró und anderen Künstlern. Dazu kommt noch ein schöner Rahmen: das Schloss der Bischöfe von Alès und der Park, in dem Werke des belgischen Künstlers Pierre Alechinsky stehen. *Tgl. 14–18 Uhr | 52, montée des Lauriers | Ortsteil Rochebelle | 5 Euro*

ESSEN & TRINKEN

LE DUÔ

Die beiden jungen Brüder Michael und Guillaume Matouk haben eine einstige Pizzeria in ein ambitioniertes Bistro verwandelt, das im Sommer u. a. zartes Rinderfilet im Patio serviert. *So geschl. | 10, avenue Général de Gaulle | Tel. 04 66 52 38 53 | short.travel/lgr6 | €–€€*

AM ABEND

Das Theater *Le Cratère (Tel. 04 66 52 52 64 | www.lecratere.fr)* am Square Pablo Neruda zählt zu den wichtigsten Bühnen der Region.

ÜBERNACHTEN

HÔTEL ORLY

Mittendrin in der Stadt in der Fußgängerzone bietet das kleine Hotel 28 hübsch dekorierte Zimmer. *10, rue d'Avéjan | Tel. 04 66 91 30 00 | www.orly-hotel.com | €*

AUSKUNFT

place de la Mairie | Tel. 04 66 52 32 15 | www.alescevennes.fr

ZIELE IN DER UMGEBUNG

ANDUZE (139 D5) (*F–G6*)

Die Häuser des stimmungsvollen alten Städtchens (3000 Ew.) 13 km südwestlich von Alès drängen sich im Tal des Gardon bei einer Klamm, der Porte des Cévennes, aneinander. Die strategisch vorteilhafte Lage bewog 1622 den Anführer der Protestanten, den Duc de Rohan, Anduze zum Hauptquartier zu machen und zu befestigen. Heute ist das Städtchen ein guter Ausgangspunkt für Wanderungen. Könige, Klerus und Gartenfreunde lieben die prunkvollen glasierten Vasen von Anduze, die *Boisset (Mo–Sa 9–12 u. 14–18, So 14–18 Uhr | Route de Saint-Jean-de-Gard | www.poterie-anduze.fr)* seit 400 Jahren herstellt. Sehr gut essen können Sie im Restaurant *Saveurs du Sud (27, rue Basse | Tel. 06 75 83 50 92 | saveur-du-sud.fr | €€)* mit seiner Biogourmetküche. Auskunft: *plan de Brie | Tel. 04 66 61 98 17 | www.ot-anduze.com*

BAMBOUSERAIE DE PRAFRANCE ★ (139 D5) (*🗺 G6*)

Eine der schönsten Parkanlagen in der Region, in der gut 200 verschiedene Bambusarten neben riesigen Sequoias, Palmen, Magnolien und Ahornbäumen wachsen. Der Kaufmann und Asienreisende Eugène Mazel brachte 1855 die ersten Pflanzen in den Hain knapp 15 km südwestlich bei Anduze. Heute sind auf 12 ha Fläche majestätische Alleen, Gewächshäuser, speziell für das Gelände geschaffene Land-Art von unterschiedlichen Künstlern, ein japanischer Garten, ein laotisches Hüttendorf oder ein Pflanzenlabyrinth zu sehen. Nehmen Sie sich mindestens anderthalb Stunden Zeit für die Besichtigung der Anlage, die sich dem Ökotourismus verschrieben hat und auf nachhaltigen Umgang mit der Natur setzt. *März–Sept. tgl. 9.30–19, Okt. bis 18., Nov. bis 17 Uhr | 10,50 Euro | www.bambouseraie.net*

GORGES DE L'ARDÈCHE ★ (139 E4) (*🗺 G–H5*)

Die rund 50 km nordöstlich von Alès gelegene Schlucht der Ardèche zählt zu den besonders imposanten Canyons Frankreichs. Spektakulär ist die Haute Corniche auf einer Länge von fast 50 km zwischen Vallon-Pont-d'Arc und Pont-St-Esprit. Im Sommer tummeln sich hier Scharen von Badenden, der Fluss wird von zahllosen Kajaks und Kanus befahren (überall finden Sie Verleiher). Die Ardèche entspringt in 1467 m Höhe im Massif Central und mündet nach 119 km bei Orange in die Rhône.

MARCO POLO HIGHLIGHTS

★ Bambouseraie de Prafrance
Hier wächst der Bambus bis zu 35 m hoch → S. 87

★ Grotte des Demoiselles
Eine Kathedrale aus Stalagmiten und Stalaktiten → S. 88

★ Corniche des Cévennes
Fahrgenuss und tolle Ausblicke auf der gut 50 km langen Höhenstraße bei Florac → S. 91

★ Gorges du Tarn
Vom Point Sublime aus präsentiert sich der Canyon von seiner besten Seite → S. 91

★ Chaos de Montpellier-le-Vieux
Das Felslabyrinth, in dem sich die Natur als Bildhauer betätigt hat, war lange Zeit ein gemiedener Ort und Quell vieler Legenden → S. 96

★ Viaduc de Millau
Eine der höchsten Autobahnbrücken der Welt führt als ungemein kühne Konstruktion bei Millau über den Tarn → S. 98

★ Gorges de l'Ardèche
Spektakulärer Canyon für Wasserratten, Paddler und Fotografen, auf die nicht nur auf der Corniche phantastische Motive warten → S. 87

Bloß nicht verpasssen: Der Markt von Uzès ist Shopping und Schauen in Reinkultur

GROTTE DES DEMOISELLES ★
(138 C6) (*F6*)

Die Stalagmiten und Stalaktiten in der 1770 entdeckten Grotte 60 km südwestlich von Alès tragen zu Recht Namen wie *vierge à l'enfant* (Madonna mit Kind) oder *buffet d'orgues* (Orgelprospekt). Die Meisterwerke der Natur sind in einer unterirdischen Kathedrale von 150 m Länge, 80 m Breite und 50 m Höhe zu bewundern. *Juli/Aug. tgl. 10–18, April–Juni, Sept. 10–17, Okt.–März 10–12 und 14–17 Uhr | 10,80 Euro | www.demoiselles.fr*

GROTTE DE TRABUC
(139 D5) (*F5–6*)

12 km unterirdische Galerien sind in dieser größten Grotte der Cevennen 15 km westlich von Alès erforscht, die man auch *Grotte aux 100 000 Soldats* nennt. Die „Soldaten" sind dicht an dicht stehende, nur wenige Zentimeter hohe Stalagmiten beiderseits einer Formation, die man als Chinesische Mauer bezeichnet hat. Eine wissenschaftliche Erklärung für dieses Naturphänomen wurde bisher nicht gefunden. Sehr selten sind auch die Kristalle schwarzer Aragoniten. *Juli/Aug. tgl. 10–18.30, März–Juni, Sept.–Nov. 9.30–12 und 14–18 Uhr | 10,30 Euro | grotte-de-trabuc.com*

LUSSAN (139 E5) (*G5*)

Eines der schönsten Felsendörfer im Departement Gard rund 30 km östlich von Alès lockt mit seinem mittelalterlichen Schloss und schön renovierten Häusern. Françoise und Thierry Viellot haben in einem Haus aus dem 13. Jh. vier Gästezimmer eingerichtet, die sich um den kleinen, sorgsam gestalteten Garten und einen Whirlpool gruppieren: ● *Les Buis de Lussan (rue de la Ritournelle | Tel. 04 66 72 88 93 | buisdelussan.free.fr | €€)*Der gelernte Gastronom bietet auf Reservierung ein köstliches Abendessen auf der Terrasse an.

Von Ostern bis Oktober ist das *Bistrot de Lussan (tgl. | place Jules Ferry | Tel. 0466728501 | €–€€)* geöffnet, das regionale Spezialitäten und Gästezimmer anbietet. Knapp 5 km nördlich liegt der Eingang zu den *Concluses de Lussan*, den spektakulären Schluchten des Aiguillon, die nur im Sommer begehbar sind.

INSIDER TIPP MUSÉE DU DÉSERT
(139 D5) (*F6*)

Das sehenswerte Museum im knapp 20 km westlich gelegenen Mialet erinnert an den Glaubenskampf der Kamisarden, der hugenottischen Bauern in den Cevennen, die sich gegen die Zwangskatholisierung durch Ludwig XIV. zur Wehr setzten. Benannt ist es nach den von den Unterdrückten als „Wüste" empfundenen Jahren des Cevennenkriegs (1702–1705). *Juli/Aug. tgl. 9.30–18.30, März–Juni, Sept.–Nov. 9.30–12 und 14–18 Uhr | Le Mas Soubeyran | Mialet | 6 Euro | www.museedudesert.com*

ST-JEAN-DU-GARD (138 C5) (*F6*)

27 km westlich von Alès am Endpunkt der Corniche des Cévennes liegt das schon südlich wirkende Städtchen (2400 Ew.). Das *Musée des Vallées Cévenoles (bei Redaktionsschluss wegen Renovierung geschl., aktuelle Infos auf Facebook)* berichtet anschaulich über Alltag und Traditionen der Cevennenbewohner.

Gut 20 km nördlich in *St-Germain-de-Calberte* liegt der Bio-Bauernhof *Durantis (Tel. 04 66 45 70 36 | www.durantis.eu | €)* der beiden Deutschen Angela Jacobs und Bernd Ackermann mit Ferienwohnungen und Campingplatz.

UZÈS (139 E5) (*G6*)

Das Städtchen (8200 Ew.) gut 30 km südostlich von Alès war Frankreichs erstes Fürstentum und hat seine spröde Schönheit aus dem Mittelalter bis heute bewahrt. Der französische Kulturminister André Malraux hat vor 50 Jahren auf Bitte der Marquise von Crussol d'Uzès, deren Familie heute noch Eigentümerin des *Fürstenpalasts (tgl. 10–12 und 14–18 Uhr | 18 Euro | www.duche-uzes.fr)* mit dem Wehrturm Bermonde ist, die Renaissance des Ortes eingeläutet. Jeden Mittwoch- und Samstagmorgen wird er mit seinem INSIDER TIPP *Markt* zum Zentrum der Region. Der Spaziergang durch die Altstadt mit ihren von Arkaden gesäumten Plätzen ist ein Erlebnis. Außerhalb der Gassen beherbergt Uzès mit dem *Musée du Bonbon Haribo (Di–So 10–13 und 14–18, Juli/Aug. tgl. 9.30–19 Uhr | Pont-Charrettes | 7 Euro, Kinder (5–15 J.) 5 Euro | www.museeharibo.fr)* das meist-

LOW BUDG€T

Das Mittagsmenü mit drei Gängen, Café und Wein kostet 12,50 Euro, und im Sommer sitzt man gemütlich auf der Terrasse: Das Restaurant *Les Cevennes (Mo geschl. | 1, place Leopold Ollier | Tel. 04 75 37 23 09)* in Le Vans ist bodenständig und gut!

12 km nordwestlich von Meyrueis finden Wanderer eine preisgünstige, zünftige Unterkunft: In der *Gîte d'Étape de Hyelzas (Hyelzas | Hures-la-Parade | Tel. 04 66 45 66 56 | www.giteshyelzas.com)* kostet der Schlafplatz im Sommer 10, im Winter 11 Euro. Unbedingt reservieren!

Im Sommer organisiert der *Parc des Cévennes (www.cevennes-parcnational.fr)* unter dem Etikett *Festival Nature* zahlreiche Ausflüge, kulturelle Veranstaltungen und Besichtigungen gratis oder gegen eine kleine Gebühr. *Veranstaltungskalender in Läden oder in Tourismusbüros*

besuchte Museum der Region. Auskunft: *Chapelle des Capucins | place Albert Ier | Tel. 04 66 22 68 88 | www.uzes-tourisme.com*

FLORAC

(138 B4) (*🕮 F5*) **Das Städtchen (2100 Ew.) liegt im Herzen der Cevennen zwischen dem Rebland des Languedoc und den Kastanienhainen des Massif Central.**

Besonders lebhaft geht es donnerstagvormittags zu: Dann bieten Händler und Bauern aus dem Umland auf der place de la Mairie ihre Waren an.

SEHENSWERTES

CHÂTEAU

Der Bau mit zwei Rundtürmen stammt von 1662. Heute ist die Burg Sitz der Verwaltung des Parc National des Cévennes mit Informationszentrum und interessanter Ausstellung über Architektur und Landschaft der Cevennen. *Sommer tgl. 9–19, sonst Mo–Fr 9–12 und 14–18.30 Uhr | Eintritt frei | www.cevennes-parcnational.fr*

ESSEN & TRINKEN/ ÜBERNACHTEN

FERME DE LA BORIE

Ein Musterbeispiel für Häuser, die sich zum „Accueil Paysan" zusammengeschlossen haben: Mireille Lenoir und Jean-Christophe Barthes öffnen ihren Biobauernhof mit 120 Ziegen, 30 Schweinen, 10 Kühen und 20 Bienenkörben auf 800 m Höhe im Weiler La Borie für Gäste. Zum Abendessen werden Produkte des Hofs serviert. *5 Zi., 1 Ferienwohnung | La-Salle-Prunet | Tel. 04 66 45 10 90 | www.gite-et-chambre-a-la-ferme-en-cevennes.com* | €

GORGES DU TARN

Das kleine Familienhotel ist Mitglied des Vereins Cévennes Ecotourisme und setzt bei Umbauten und Renovierungen auf Umweltverträglichkeit. Glanzstück des Hauses in einem ruhigen Stadtviertel ist die Küche im angeschlossenen *Restaurant L'Adonis* (€€), die Spezialitäten aus der Region auf die Teller zaubert. *22 Zi. | 48, rue du Pêcher | Tel. 04 66 45 00 63 | www.hotel-gorgesdutarn.com* | €–€€

AUSKUNFT

33, avenue Jean-Monestier | Tel. 04 66 45 01 14 | www.ville-florac.fr, www.mescevennes.com

ZIELE IN DER UMGEBUNG

INSIDER TIPP CAUSSE MÉJEAN

(138 B4) (*🕮 E5*)

Westlich direkt aus Florac heraus erklettert die D 16 das Hochplateau des Causse Méjean. Die Straße ist schmal und schwierig zu befahren, aber auf der Hochfläche öffnet sich die überwältigende Weite des fast baum- und strauchlosen Causse. Die D 16 führt quer über diese Hochfläche bis nach Les Vignes, wo sie sich wieder hinunter in die Gorges du Tarn schlängelt. Sie sind hier etwa 1000 m über dem Meer und das Klima ist entsprechend: im Sommer sengend heiß, im Winter sehr kalt und schneereich.

Im Süden, im Weiler Hures-la-Parade, lohnt sich der Besuch des *Écomusée Ferme Caussenarde (Juli/Aug. tgl. 11–19, April–Juni, Sept. 12.30–18 Uhr | Hyelzas | 6,20 Euro | www.ferme-caussenarde.com)*, eines Bauernhofs, der so eingerichtet wurde, wie er bis 1950 in Betrieb war. Ein Glanzlicht ist der *Aven Armand* (s. S. 95) gleich in der Nachbarschaft, eine Tropfsteinhöhle mit einem eindrucksvoll riesigen Hauptsaal.

CORNICHE DES CÉVENNES ★

(138 C4–5) (🗺 F5)

Die Fahrt auf der Corniche des Cévennes ist ein absolutes Muss. Auf den 53 km von Florac nach St-Jean-du-Gard erleben Sie die Cevennen – zumindest als Autofahrer – am intensivsten. Die Höhenstraße wurde zu Beginn des 18. Jhs. auf Befehl Ludwigs XIV. angelegt, um seinen Truppen Zugang zum Gebiet der aufständischen Kamisarden zu ermöglichen. Im ersten Ort auf der Strecke, *St-Laurent-de-Trèves*, wurden 190 Mio. Jahre alte Spuren von Dinosauriern gefunden.

Die Straße führt hoch nach *L'Hospitalet* (992 m). Hier beginnen die kargen, versteppten Höhen, wo sich im 18. Jh. die Kamisarden versammelten. 3 km weiter kommt der *Col des Faïsses* (1026 m), von dem sich ein herrlicher Blick auf den Mont Lozère im Norden und den Mont Aigoual im Süden bietet. Beim Dorf Le Pompidou verläuft die Trennlinie zwischen Kalkstein und Schiefer, die Höhenstraße führt durch Kastanienwälder. Nach dem hübschen Dörfchen *St-Roman-de-Tousque* folgen der *Col d'Exil* (705 m) und der *Col de St-Pierre* (597 m), von dem Sie eine großartige Aussicht haben.

Von der Corniche des Cévennes bieten sich immer wieder phantastische Fernblicke

GORGES DU TARN ★

(138 A–B4) (🗺 E5)

Die Fahrt durch die Gorges du Tarn, ob von Florac nach Millau oder umgekehrt, macht mit einem der großen Naturwunder Frankreichs bekannt. 400–500 m tief hat sich der Fluss in den weichen Kalkstein gegraben und phantastische Formen aus dem Fels modelliert. Seit Beginn des 20. Jhs. windet sich eine Straße am Tarn entlang, eng an der steilen Felswand, häufig durch Tunnel und unter Felsbögen hindurch. Dabei sehen Sie zuweilen am anderen Ufer verwitterte Häuser mit Schindeldächern, zu denen man nur mit dem Kahn gelangt.

Die Gorges beginnen bei *Ispagnac* 9 km nördlich von Florac. Das Städtchen *Ste-Enimie* hat seinen Namen der Legende nach von einer schönen Prinzessin, die Heilung von der Lepra in der *Source de la Burle* fand und eine Kapelle in der Grotte bauen ließ (eine halbe Stunde zu Fuß westlich des Orts). Der wohl schönste Abschnitt der Gorges liegt zwischen La Malène und Les Vignes: der *Cirque des Baumes,* eine Flussschleife, die man am besten vom *Point Sublime* aus (Anfahrt von Les Vignes) sieht.

In *La Malène* wird eine einstündige ● *Kahnfahrt (Les Bateliers des Gorges du Tarn | 22 Euro pro Person, Rückfahrt mit Kleinbus | Tel. 04 66 48 51 10 | www.gorgesdutarn.com)* auf dem 8 km langen Abschnitt angeboten. Der Ort mit seinen alten Häusern und Gassen besitzt ein schönes Hotelrestaurant, das *Manoir de Montesquiou (12 Zi. | Tel. 04 66 48 51 12 | www.manoir-montesquiou.com | €€–€€€),* ein Schlösschen aus dem 15. Jh.

INSIDER TIPP MONT LOZÈRE

(138 C3–4) *(🕮 F4–5)*

Von Le Pont-de-Montvert führt die D 20 zum *Col de Finiels* (1541 m) und auf das weit gestreckte, 35 km breite Granitmassiv. Höchster Punkt ist der *Sommet des Finiels* (1699 m). Der nordöstlich von Florac gelegene Mont Lozère ist ein ideales Wandergebiet mit zahlreichen markierten Pfaden aller Schwierigkeitsgrade (s. Erlebnistour auf S. 105).

MENDE

(138 B3) *(🕮 E4)* **Das sympathische Städtchen (13 000 Ew.) liegt so weit abseits der Touristenströme, dass es sich seinen Charme unverfälscht erhalten konnte: Alte Häuser mit Schieferdächern und Gassen mit Kopfsteinpflaster prägen das Stadtbild.**

In der von Boulevards ringförmig eingeschlossenen mittelalterlichen Altstadt mit der stattlichen Kathedrale glaubt man sich in ein Landstädtchen des 19. Jhs. versetzt.

Der Lot, der 30 km östlich in der Montagne du Goulet entspringt, fließt unter dem alten Pont Notre-Dame hindurch; abrupt

DAS MONSTER DER CEVENNEN

Eine Fabelgestalt verbreitete im 18. Jh. Angst und Schrecken in den Cevennen: *la Bête du Gévaudan.* Das haarige, wolfsähnliche Ungeheuer spukt immer noch, heute auch im Dienst des Tourismus: als Plakat- und Postkartenillustration. Sicher ist, dass in der Gegend von Gévaudan zwischen 1764 und 1767 rund 50 Menschen ermordet wurden. Erst als der Bauer Jean Chastel im Juni 1767 mit geweihten Kugeln loszog – und einen Wolf erlegte –, hörte der Schrecken auf. Die Geschichte wurde mehrmals verfilmt. Sie hat z. B. Christophe Gans zu seinem Thriller „Pakt der Wölfe" (2001) inspiriert, einer sehr freien Interpretation der Legende. Regisseur Patrick Volson vermengt in „Die Bestie der alten Berge" (2003) überlieferte Tatsachen mit Aberglauben, der sich um den Wolfsmythos rankt. Hintergrund ist der Glaubenskrieg in Frankreich unter Ludwig XV.: Die überwiegend katholische Bevölkerung findet in einem vermeintlich hugenottischen Schmied einen willkommenen Sündenbock. Ein junger Arzt glaubt als Einziger an dessen Unschuld.

ragt dahinter die Felswand des Causse de Mende auf. Mende ist Hauptort der Lozère, des am dünnsten besiedelten Departements Frankreichs.

SEHENSWERTES

CATHÉDRALE

Papst Urban V. ließ den prächtigen, die Stadt beherrschenden Bau von Notre-Dame-et-St-Privat um die Mitte des 14. Jhs. beginnen. 1579 sprengten Protestanten die Pfeiler der Kathedrale; nur der Glockenturm blieb stehen. 1599–1620 wurde die Kirche originalgetreu wieder aufgebaut.

ESSEN & TRINKEN

LE CHAUDRON

Frédérick Boutet bietet in einem alten Bischofshaus aus dem 14. Jh. fünf Vorspeisen, fünf Hauptgerichte und fünf Desserts an, die täglich wechseln. Die Zutaten kommen frisch aus der Region. *So und Mo–Do abends geschl. | 17, rue Aigues Passes | Tel. 04 66 31 68 97 |* €

LE MAZEL

Wenn Sie regionale Spezialitäten kosten wollen, sind Sie hier richtig: feine Fleisch- und Fischgerichte aus frischen Produkten. *Mo-Abend und Di geschl. | 25, rue du Collège | Tel. 04 66 65 05 33 |* €–€€

ÜBERNACHTEN

HÔTEL DE FRANCE

Am Rand der Innenstadt bietet diese ehemalige Poststation 31 gemütliche Zimmer. Im Restaurant *(Sommer tgl., sonst Sa-Mittag und Mo geschl. | €€)* gibt es ausgezeichnete Regionalküche und gute Weine. *9, boulevard Lucien Arnault | Tel. 04 66 65 00 04 | www.hoteldefrance-mende.com |* €€

Beherrschend: Kathedrale in Mende

HÔTEL DU PONT-ROUPT

Etwas außerhalb der Stadt am Ufer des Lot gelegen, ist dies die richtige Adresse für ein paar erholsame Tage. Dazu gehören komfortable Zimmer, beheizter Swimmingpool, Wellnessbereich, eine Brasserie mit preisgünstiger Bistroküche und ein Restaurant für anspruchsvolle Gaumen. *26 Zi. | 2, avenue du 11 Novembre | Tel. 04 66 65 01 43 | www.hotel-pont-roupt.fr |* €€

AUSKUNFT

place du Forail | Tel. 04 66 94 00 23 | www.ot-mende.fr

ZIELE IN DER UMGEBUNG

CAUSSE DE SAUVETERRE

(138 A–B 3–4) (*🕮 E5*)

Unter den Grands Causses ist der südwestlich von Mende gelegene Causse de Sauveterre der landschaftlich abwechslungsreichste. Auch hier ist der Horizont endlos weit, aber im westlichen Teil wird die steppenartige Landschaft hügeliger und grüner.

MARVEJOLS (138 B3) (*🕮 E4*)

Hinter den Wehrtoren (14. Jh.) des im hübschen Tal der Colagne gelegenen Städtchens knapp 30 km westlich von Mende leben 5500 Menschen. Der Spaziergang durch die Altstadt beginnt am besten bei der *Porte du Soubeyran* am gleichnamigen Platz, wo auch das Office du Tourisme liegt. Über den boulevard Réverend-Père-de-Jabrun gelangen Sie von dort zur Kirche *Notre-Dame-de-la-Carce* aus dem 17. Jh. Südlich davon liegt die *Porte de Chanelles. www.ville-marvejols.fr*

Empfehlenswert ist ein Abstecher zum rund 25 km nördlich an der D 73 gelegenen *Château de la Baume (Juli/Aug. tgl. 10–12 und 14–18 Uhr, Sept.–Juni nach Anmeldung | 7 Euro | Tel. 04 66 32 51 59 | www.chateaudelabaume.org)* von 1630, das wegen seiner prächtigen Innenausstattung auch als Versailles du Gévaudan bezeichnet wird.

Sieht eigentlich gar nicht so groß und böse aus: Wolf im Parc à Loups du Gévaudan

LA CHALDETTE

(138 A2) (*🕮 E4*)

Aus Holz und Glas hat der Architekt Jean-Michel Wilmotte 1994 in Brion 60 km nordwestlich am Ufer des Bès auf 1000 m Höhe ein modernes Thermalbad entworfen – und damit statt des Kurstatus einen Kultstatus erreicht und das Baden im heißen Wasser hip gemacht. Tagesbesucher zahlen 21–30 Euro für einen halben Tag. *Tel. 04 66 31 68 00 | www.lachaldette.com | €€–€€€*

PARC À LOUPS DU GÉVAUDAN

(138 B3) *(🗺 E4)*

Im 1100 m hoch gelegenen Waldgebiet von Gévaudan knapp 40 km nordwestlich von Mende leben in einem großen Freigehege rund 120 Wölfe aus Europa, Kanada und der Mongolei. Um Wölfe zu Gesicht zu bekommen, sollten Sie am besten an einer Führung teilnehmen. *Juli/Aug. tgl. 10–19, Sept.–Juni 10–17 Uhr | 8 Euro | www.loupsdugevaudan.com*

MEYRUEIS

(138 B4–5) *(🗺 E5)* **Das mittelalterliche Städtchen mit seinen gerade mal 900 Einwohnern ist dank seiner Lage in 706 m Höhe am Flüsschen Bethuzon der ideale Ausgangspunkt für Ausflüge auf den Causse Noir und den Causse Méjean oder in das grüne Massiv des Mont Aigoual.**

Die ungewöhnlich vielen Hotels zeigen, dass der sympathische Ort mit seiner kurortgeeigneten guten Luft am Eingang der Gorges de la Jonte seit Jahrzehnten vom Tourismus lebt.

ESSEN & TRINKEN/ ÜBERNACHTEN

FAMILY

Die Familie Julien baut in der vierten Generation das Hotelrestaurant immer weiter aus, hat über dem Bethuzon eine wunderschöne Restaurantterrasse und ein Schwimmbad mit kleinem Park am anderen Ufer gebaut sowie einen Wellnessbereich im Hotel eingerichtet. Viele Spezialitäten auf dem Teller wie die Kutteln mit Aligot kommen aus eigener Produktion. *48 Zi. | 4, quai de la Barrière | Tel. 04 66 45 60 02 | www.hotel-restaurant-family-48-12.com | €*

MONT AIGOUAL

Freundliches Familienhotel mit 28 komfortablen Zimmern, Swimmingpool, Terrasse und schönem Garten. Im Restaurant *(tgl.)* bekommen Sie gepflegte Regionalküche. *34, quai de la Barrière | Tel. 04 66 45 65 61 | www.hotel-mont-aigoual.com | €–€€*

AUSKUNFT

Tour de l'Horloge | Tel. 04 66 45 60 33 | www.meyrueis-office-tourisme.com

ZIELE IN DER UMGEBUNG

ABÎME DE BRAMABIAU

(138 B5) *(🗺 E5)*

Das unterirdisch durch den Kalkfels des Causse de Camprieu strömende Flüsschen Bonheur hat ein weit verzweigtes Höhlenlabyrinth ausgewaschen. Die Stelle 20 km südöstlich von Meyrueis, wo es in einem Wasserfall wieder zutage tritt, heißt *L'Alcôve*. Beim Wasserfall betritt man die Unterwelt. Pullover nicht vergessen: Die Temperatur unter Tage liegt bei gerade einmal zehn Grad! *Juli/Aug. tgl. 9.30–18.30, April–Juni, Sept. 10–17.30, Okt./Nov. 10.30–16.30 Uhr | 9 Euro | abime-de-bramabiau.com*

AVEN ARMAND 🔵

(138 B4) *(🗺 E5)*

Der Aven Armand 11 km nordwestlich zählt zu den schönsten bekannten Tropfsteinhöhlen. Mit der Zahnradbahn fährt man direkt in den großen Saal des *fôret vierge* (60 m breit, gut 100 m lang, 45 m hoch) mit seiner phantastischen Formenvielfalt von rund 400 Stalagmiten. Die steinernen „Bäume" in der Halle erreichen eine Höhe bis zu 25 m. Eine raffinierte Beleuchtung rückt die Naturwunder ins rechte Licht. *Juli/Aug. tgl. 9.30–18, Mitte März–Mitte Juni, Sept.–Nov. tgl. 10–12*

Kunterbunte Unterwelt: prachtvoll inszenierte Tropfsteine im Aven Armand

und 13.30–17 Uhr | Hyelzas | 11,50 Euro | www.aven-armand.com

CAUSSE NOIR (138 A–B5) (*E5*)

Die Gorges de la Jonte und die Gorges de la Dourbie begrenzen den Causse, der seinen Namen von den dunklen Pinienwäldern hat. Eine Besonderheit sind die großartigen Felslabyrinthe wie der ★ *Chaos de Montpellier-le-Vieux* am Westrand. Der Regen hat hier aus dem Dolomitgestein eine regelrechte Festung gewaschen, die von den Einheimischen einst als „verfluchte Stadt" angesehen wurde. Sie können das ausgedehnte Gelände zu Fuß oder bequemer mit dem kleinen Zug *Petit Train Vert* besichtigen. *Juli/Aug. tgl. 9–19, Mitte März–Juni, Sept.–Mitte Nov. 9.30–17.30 Uhr | 6,80, Kombiticket mit Aven Armand 15,80 Euro | www.montpellierlevieux.com*

GORGES DE LA JONTE
(138 A–B4) (*E5*)

Wenn man die berühmteren Gorges du Tarn auslässt, hat man mit diesem Canyon mehr als nur einen zweitrangigen Ersatz. Auf den 21 km zwischen Meyrueis und Le Rozier liegen schöne Haltepunkte. Bei dem Weiler Le Truel windet sich rechts die *Corniche du Causse Méjean* auf die Hochfläche, eine Strecke, die es an landschaftlicher Schönheit durchaus mit Abschnitten der weit bekannteren Corniche des Cévennes aufnehmen kann. Beim Ort St-Pierre-des-Tripiers können Sie vom INSIDER TIPP *Belvédère des Vautours (April–Okt. tgl. 10–17 Uhr | 6,70 Euro | www.vautours-lozere.com)* aus Geier beobachten, die hier in den 1980er-Jahren wieder angesiedelt wurden.

GROTTE DE DARGILAN ●
(138 B4) (*E5*)

Die knapp 10 km westlich von Meyrueis gelegene Grotte wurde 1888 erforscht und bereits kurz darauf zur Besichtigung freigegeben. Im Reich der Grotten ist sie eine der schönsten. Sie wurde von einem unterirdischen Fluss gebildet, der eine Reihe großartiger Säle und Galerien aus dem Fels gewaschen hat. *Juli/Aug.*

tgl. 10–18.30, April–Juni, Sept. 10–17.30, Okt. 10–16.30 Uhr | 9,80 Euro | www.grotte-dargilan.com

INSIDER TIPP MONT AIGOUAL

(138 B5) (*F5–6*)

Dies ist der Aussichtsplatz par excellence in den Cevennen: Vom 1565 m hohen Gipfel reicht der Blick bei klarem Wetter bis zum Mittelmeer und zu den Alpen. Die 1887 errichtete *Wetterstation* steht hier oben an einem idealen Platz, denn das 27 km südöstlich von Meyrueis gelegene Massiv des Mont Aigoual bildet die Klimascheide zwischen ozeanischen und mediterranen Wettereinflüssen. Verschiedene Rund- und Wanderwege erschließen eine großartige Natur, z. B. der *Sentier des Botanistes* unterhalb des Gipfels, der auf 1 km Länge angelegt wurde. *Besichtigung der Wetterstation von Météo-France tgl. 10–19 Uhr | www.aigoual.asso.fr*

MILLAU

(138 A5) (*D–E6*) **Lange Zeit war Millau (22 500 Ew.) vor allem für seine Staus berüchtigt – weil ein Stück auf der Autobahn in Richtung Montpellier fehlte, bildeten sich hier regelmäßig viele Kilometer lange Blechlawinen.**

Damit ist es vorbei, seit 2004 die damals höchste Autobahnbrücke der Welt über den Tarn eröffnet wurde. Doch ist das Städtchen auch für seine Lederverarbeitung *(www.megisserierichard.com)* und Handschuhmanufakturen *(www.causse-gantier.com, www.atelierdugantier.fr)* bekannt, die seit mehr als 200 Jahren das wirtschaftliche Leben prägen. Vor al-

BÜCHER & FILME

Das verlorene Labyrinth – Der spannende Mysterythriller der britischen Krimiautorin Kate Mosse (2005) spielt in der Cité von Carcassonne zur Zeit der Inquisition. Das Buch ist 2012 verfilmt worden und als DVD erhältlich

Geschichte der Katharer / Die große Ketzerei – Bücher zum Thema Katharer eignen sich durchaus als Ferienlektüre, wenn sie so lebendig und historisch fundiert geschrieben sind wie diese beiden opulenten Werke von Malcolm Lambert (2001) bzw. Lothar Baier (1984)

Sakrileg – Der Bestseller von Dan Brown (2003) hat seine Wurzeln im Roussillon: Inspiriert wurde er von den Thesen des Priesters Bérenger Saunière, der 1885 im Dorf Rennes-le-Château bei Quillan in einer Kapelle Pergamentrollen fand, die die Geschichtsschreibung des Vatikans zu Maria Magdalena infrage stellen

Couscous mit Fisch – Die Hafenstadt Sète bildet die Kulisse dieses preisgekrönten Films von 2007 von Abdellatif Kechiche. Er erzählt die bewegende Geschichte eines tunesischen Einwanderers, der vom eigenen Restaurant träumt

Madame Merckx trinkt keinen Wein – Lisa Graf Riemann hat in ihrem ersten Krimi (2015) den spröden Charme des Haut-Languedoc perfekt eingefangen: Die Damen eines Dörfchens eilen einer Freundin zu Hilfe, die ihren Mann mit Eisenhut vergiftet haben soll

lem aber ist es ein idealer Ausgangspunkt für Exkursionen in die reizvolle Landschaft des Naturparks der Grands Causses.

SEHENSWERTES

MUSÉE DE MILLAU

Das Museum informiert über die Lederverarbeitung und zeigt archäologische Funde aus der Region, prähistorische Werkzeuge etwa oder galloromanische Vasen. *Juli/Aug. tgl. 10–12.30 und 14.30–19, Mai/Juni, Sept. tgl. 10–12 und 14–18, Okt.–April Mo–Sa 10–12 und 14–18 Uhr | Hôtel de Pégayrolles | place Foch | 5,50 Euro*

VIADUC DE MILLAU ★

Die vom britischen Architekten Norman Foster entworfene, 2460 m lange Brücke besticht durch eine leicht geschwungene, elegante Linie. Der größte der sieben Pylonen ist mit 343 m 19 m höher als der Eiffelturm. Die Fahrt führt 270 m über den Fluss Tarn und ist ein Erlebnis, das schon allein den Umweg über Millau lohnt. Um die Investitionskosten von rund 400 Mio. Euro zu amortisieren, wird eine Maut erhoben – im Sommer 9,80, im Winter 7,80 Euro. An Wochenenden und Feiertagen gibt es Besichtigungsfahrten zu der Brücke. Zwei Stunden lang erfahren Sie alles Wissenswerte über den Bau des Viadukts. *Auskunft über die Fahrzeiten beim Office du Tourisme | Abfahrt der Busse an der place de Mandarous | 10 Euro | www.leviaducdemillau.com*

ESSEN & TRINKEN/ ÜBERNACHTEN

BRACONNE

Familiäre Regionalküche mitten in der pittoresken Altstadt von Millau. *So-Abend und Mo geschl. | 7, place du Maréchal Foch | Tel. 05 65 60 30 93 | €–€€*

INSIDER TIPP CHÂTEAU DE CREISSELS

Ein Teil der 30 Zimmer in dem Schlösschen aus dem 12. Jh. ist charmant-stilvoll eingerichtet, andere sind moderner, dafür haben sie einen Balkon. Im angeschlossenen Restaurant *(im Sommer tgl., sonst So-Abend und Mo-Mittag geschl. | €€–€€€)* gibt es regionale Spezialitäten, etwa Lammfleisch von den umliegenden Causses. *26 Zi. | 2 km außerhalb an der route de St-Affrique | Tel. 05 65 60 16 59 | www.chateau-de-creissels.com | €€–€€€*

AUSKUNFT

1, place du Beffroi | Tel. 05 65 60 02 42 | www.millau-viaduc-tourisme.fr

ZIELE IN DER UMGEBUNG

LA COUVERTOIRADE

(138 B6) *(E6)*

Der gut 40 km südöstlich im Larzac gelegene Ort (110 Ew.) des Templerordens aus dem 12. Jh., der im 15. Jh. eine heute noch intakte Festungsmauer bekam, zählt zu den schönsten Dörfern Frankreichs und lebt vom Tourismus: kein Bäcker, kein Lebensmittelgeschäft, aber viele Boutiquen in den Gassen, in denen die Zeit seit dem Mittelalter stehen geblieben ist. Autos sind tabu, vom Parkplatz geht es zu Fuß in das Dorf mit seiner *Wehrkirche* aus dem 14. Jh., dem *Schloss (Juli/Aug. tgl. 14.30 Uhr | 10 Euro)* und der *Festungsmauer (3 Euro)* mit Blick auf den Ort. Auskunft: *Maison de La Scipione | Tel. 05 65 58 55 59 | www.lacouvertoirade.com*

Frei zugänglich ist *La Cavalerie (www.lacavalerie.fr)*, eine weitere Festung des Templerordens auf halbem Weg zwischen Millau und La Couvertoirade an der Pforte zum Militärgelände Camp du Larzac. An der D 809 wurde die *Maison du Larzac (Juni–Sept. tgl., Okt.–Mai Sa/*

Eine technische Meisterleistung voller Eleganz: Norman Fosters Viadukt von Millau

So 10–19.30 Uhr | Eintritt frei) eingerichtet, die die Geschichte des Larzac in einer interessanten Ausstellung nachzeichnet und Produkte aus der Region anbietet.

ROQUEFORT-SUR-SOULZON
(138 A5) (*D6*)

Die rund 700 Ew. zählende Gemeinde etwa 25 km südwestlich von Millau hat dem weltweit berühmten Blauschimmelkäse seinen Namen gegeben. Sie liegt im Zentrum des Pays du Roquefort, wo diese würzige Delikatesse aus der Milch von Lacaune-Schafen hergestellt wird – einer robusten Rasse aus dem etwas weiter nördlich gelegenen Lacaune-Massiv.

Alles über die Entstehungsgeschichte des Roquefort, der langsam in Felsenkellern reifen muss, erfahren Sie beim Besuch einer der *caves.* Kostenlose Führungen – natürlich mit anschließender Kostprobe – organisiert die Firma *Roquefort Papillon (Sommer tgl. 9.30–18.30, sonst 9.30–11.30 und 13.30–17.30 Uhr | 8 bis, avenue de Lauras | www.roquefort-papillon.com).*

SÉVÉRAC-LE-CHÂTEAU
(138 A4) (*D–E5*)

Weithin sichtbar thront das 2500-Ew.-Städtchen mit seiner mittelalterlichen Burg auf einem 800 m hohen Hügel 37 km nördlich von Millau. Beim Bummel durch die engen Gassen entdecken Sie schöne Häuser aus der Renaissance. Um das Schloss führt eine teilweise erhaltene Stadtmauer. Von oben bietet sich ein Blick weit über das Aveyrontal. Im Sommer zeigt ein INSIDER TIPP Falkner täglich um 15.30 Uhr Dressurkunststücke *(Führungen Juli/Aug. 10–19 Uhr | 12 Euro | www.severaclechateau.fr).*

Übernachten und preiswert essen können Sie im familiären Hotelrestaurant *Des Causses (18 Zi. | Sommer Mo-Mittag, sonst So-Abend und Mo geschl. | 38, avenue Aristide Briand | Tel. 05 65 70 23 00 | www.hotel-causses.com | €–€€).* Kosten Sie hier regionale Spezialitäten wie die *flaune,* eine Art Käsekuchen, oder *pascade,* eine Omelettvariante, mit Lammbries!

ERLEBNISTOUREN

1 DAS LANGUEDOC-ROUSSILLON PERFEKT IM ÜBERBLICK

START: ① Nîmes
ZIEL: ㉙ Balcon de Madeloc

8 Tage
reine Fahrzeit
18 Stunden

Strecke:
950 km

KOSTEN: Fahrradverleih, Eintritte, Benzin, Unterkunft, Essen: 750 Euro pro Person

MITNEHMEN: Wanderschuhe, Regenschutz, Mückenmittel, Sonnenmilch, Badesachen und ausreichend Wasser

ACHTUNG: Markt in ③ **Uzès** nur Mi und Sa. ⑦ **Schloss von Portes** Mo (Sommer) und Mo/Di (Winter) geschl.. Kahnfahrt in den ⑫ **Gorges du Tarn** und Rafting in ㉑ **Quillan** vorab reservieren. Fahrradverleih in ⑭ **Montpellier** So, ⑮ **Maison de la Nature** Mo geschl.

Jeder Zipfel dieser Erde hat seine eigene Schönheit. Wenn Sie Lust haben, die einzigartigen Besonderheiten dieser Region zu entdecken, wenn Sie tolle Tipps für lohnende Stopps, atemberaubende Orte, ausgewählte Restaurants oder typische Aktivitäten bekommen wollen, dann sind diese maßgeschneiderten Erlebnistouren genau das Richtige für Sie. Machen Sie sich auf den Weg und folgen Sie den Spuren der MARCO POLO Autoren – ganz bequem und mit der digitalen Routenführung, die Sie sich über den QR-Code auf S. 2/3 oder die URL in der Fußzeile zu jeder Tour downloaden können.

Von den antiken Arenen von Nîmes bis zu den schneefunkelnden Gipfeln der Pyrenäen führt diese Route zu den schönsten Ecken der Großregion Occitanie – Wildwasser und Endlosstrände, stattliche Schlösser und malerische Fischerorte, genussreiche Regionalküche und allerbeste Weine inklusive!

In ❶ **Nîmes** → **S. 52** haben sie bis heute überdauert, die Spuren der alten Römer. Die beste Aussicht über die Stadt mit ihren Amphitheatern und Tempeln haben Sie nach **einem Spaziergang durch den Jardin de la Fontaine** → **S. 53** von der **Tour Magne** → **S. 53** aus. **Danach machen**

TAG 1
❶ Nîmes
29 km

Bild: Jardin de la Fontaine in Nîmes

2 Pont du Gard

31 km

3 Uzès

TAG 2

46 km

4 Anduze

3 km

Sie sich in Richtung Norden auf, besuchen den 2 Pont du Gard → S. 57, baden im Gardon und entdecken in **3 Uzès → S. 89** die malerische mittelalterliche **Altstadt**. Tisch und Bett finden Sie in der romantischen **Hostellerie Provençale** *(9 Zi. | 1–3, rue de la Grande Bourgade | Tel. 04 66 22 11 06 | www.hostellerieprovencale.de | €€)*.

Genießen Sie nach dem Frühstück zunächst einmal die typisch-quirlige Atmosphäre auf dem riesigen **Markt in Uzès, bevor Sie nach Alès → S. 84** aufbrechen. Es ist das touristische Tor zu den Cevennen und zu Sehenswürdigkeiten wie dem Töpferdorf **4 Anduze → S. 86** – die Jagd auf Souvenirs kann beginnen! **Von Anduze aus rattert ein Dampf-**

zug zum ⑤ **Bambusgarten in Prafrance** → S. 87, dem schönsten seiner Art in Europa. Im **Café** stärken Sie sich mittags mit herzhafter Quiche. Den Nachmittag verbringen Sie **beim Bummel über die Boulevards von** ⑥ **Alès**, Sie übernachten im **Hôtel Orly** → S. 86.

Auf der Fahrt von Alès in den Norden fällt Ihnen das imposante ⑦ **Schloss von Portes** *(April–Aug. Di–So, Sept. Mi–So 10–12 und 13–17 Uhr | 5 Euro | www.chateau-portes.org)* mit seiner Wehrmauer auf, die wie ein riesiger Schiffsbug aussieht – schauen Sie rein, auch wegen der herrlichen Aussicht! Direkt ins Mittelalter führt auch **der Abstecher ins Dorf** ⑧ **Génolhac, für den Sie die D 906 verlassen und ins Tal hinunter fahren müssen. 16 km weiter** lockt der ⑨ **Stausee von Villefort** → S. 120 mit schönem **Strand**, der geradezu zum Picknick herausfordert. **Folgen Sie danach der D 901 zum Kurort Bagnols-les-Bains**, wo Sie im Spa des ⑩ **Thermalbads** *(April–Anfang Nov. tgl. 9–12.30 und 14–19, Anfang Nov.–März ab 14 Uhr | 27 Euro/halber Tag | bagnols-les-bains.com)* 33° C warmes Thermalwasser erwartet. So entspannt, erreichen Sie ⑪ **Mende** → S. 92, die Hauptstadt der Lozère mit ihrer mächtigen **Kathedrale**. Mit ausgezeichneter Regionalküche und gemütlichen Zimmern klingt Ihr Tag im **Hôtel de France** → S. 93 aus.

Am vierten Tag **fahren Sie über eine fast menschenleere Hochebene,** in der Menhire von der Vorzeit erzählen. **In La Malène** sind Sie bereits mitten in den ⑫ **Gorges du Tarn** → S. 91: Lassen Sie sich von den **Bateliers des Gorges du Tarn** → S. 92 in einem traditionellen Kahn durch die Schlucht steuern, und kehren Sie danach im **Manoir de Montesquiou** → S. 92 zur Mittagspause ein. Spektakulär ist der ⑬ **Viaduc de Millau** → S. 98, die Brücke des Architekten Norman Foster, die sich über den Tarn spannt und **die Sie – an Millau → S. 97 vorbei – auf dem Weg nach Süden überqueren.** ⑭ **Montpellier** → S. 45, **der nächste Stopp,** hat viele Gesichter: eine historische **Altstadt** mit romantischen Plätzen, das postmoderne **Antigone-Viertel** von Bofill und **Port-Marianne**, das Antlitz der modernen Metropole. Abends lockt (nicht nur zum Essen) die angesagte Bar **Le Parfum** *(So/Mo geschl. | 55, bis rue de la Cavalerie | barleparfum.com)*, des Nachts das **Hôtel du Palais** → S. 50.

Heute geht's sportlich los: **Am Ufer des Lez radeln Sie abseits vom Verkehr** mit dem Mietfahrrad von **W Ville et**

⑤ Bambusgarten in Prafrance
18 km
⑥ Alès
TAG 3
25 km
⑦ Schloss von Portes
15 km
⑧ Génolhac
17 km
⑨ Stausee von Villefort
35 km
⑩ Thermalbads
21 km
⑪ Mende
TAG 4
41 km
⑫ Gorges du Tarn
60 km
⑬ Viaduc de Millau
106 km
⑭ Montpellier
TAG 5
18 km

Vom Meer nach Montpellier: Radweg bei Palavas-les-Flots

Vélo *(Mo–Sa 10–19 Uhr | 41, boulevard de Strasbourg | Tel. 04 34 43 04 52 | www.double-v.org)* **aus der Innenstadt ca. 8 km zum ⑮ Maison de la Nature** *(Di–So 14–18 Uhr | 41, Chemin de l'Etang | Eintritt frei | ville-lattes.fr)* **in Lattes, wo ein Bohlenweg am Étang de Méjéan entlangführt,** in dem rosa Flamingos umherstaken und Schildkröten heimisch sind. **4 km weiter** lockt das Mittelmeer: Genießen Sie in **⑯ Palavas-les-Flots → S. 50** das Strandleben, bevor Sie in einer halben Stunde **nach Montpellier zurückradeln** und das Fahrrad abgeben. **Das Hafenstädtchen Sète → S. 39** hat sein Badeparadies nach allen Regeln der Ökokunst mit Dünen renaturiert – **fahren Sie auf dem Nehrungsstreifen gen Süden** und legen Sie einen Badestopp ein! **Heutiges Tagesziel ist ⑰ Narbonne → S. 68.** Die Stadt, in der Antike der Außenposten der Römer auf dem Weg nach Spanien, ist heute das Tor zu den Stränden am Mittelmeer und den Weinen der Corbières. Noch fit? Dann besichtigen Sie die **⑱ Abtei von Fontfroide → S. 71** bei einer nächtlichen, audio-illuminierten Führung und essen Sie im **Klosterrestaurant** zu Abend. Sie schlafen im **⑲ La Résidence** *(26 Zi. | 6, rue 1er Mai | Tel. 04 68 32 19 41 | www.hotel-laresidence-narbonne.fr | €€)* – Jean Marais, Louis de Funès und Michel Serrault waren Stammgäste!

⑮ M. de la Nature

5 km

⑯ Palavas-les-Flots

124 km

⑰ Narbonne

16 km

⑱ Abtei von Fontfroide

⑲ La Résidence

TAG 6

59 km

⑳ Carcassonne

59 km

㉑ Quillan

TAG 7

41 km

㉒ Saint-Paul-de-Fenouillet

Starten Sie früh am Morgen, um **nach einer Stunde Fahrt** entspannt **⑳ Carcassonne → S. 40** mit seiner mittelalterlichen **Cité** und dem **Canal du Midi** zu besichtigen. Nach dem Mittagessen im Restaurant **Au Comte Roger → S. 41** **in der Cité geht es an Alet-les-Bains → S. 82** vorbei nach **㉑ Quillan → S. 81**: Stürzen Sie sich hier mit einem der Schlauchboote von **Rodeo Raft → S. 115 in den wilden Oberlauf der Aude.** Danach schlemmen und schlafen Sie im Hotel **La Chaumière → S. 81**.

Es geht weiter auf der D117 Richtung Perpignan. In **㉒ Saint-Paul-de-Fenouillet → S. 83**, der alten Hauptstadt der Fenouillèdes, locken die schroffen Kalkspitzen über dem Ort mit einem besonderen Nervenkitzel: Mit **Oxygen Adventure** *(Tel. 04 30 63 83 12 | www.oxygen-aventure.com)*

geht es auf die **Via Ferrata** – Klettersteig-Nervenkitzel mit Paradeblick auf die Pyrenäen. **Durch die spektakuläre Schlucht** **Gorges de Galamus → S. 83** erreichen Sie die beiden berühmtestem Katharerschlösser der Region – das **23 Château de Peyrepertuse → S. 76**, dann das **24 Château de Quéribus → S. 77**. Den Grenache, der in den Weingärten zu gehaltvollem Rot- und Süßwein ausgebaut wird, kosten Sie in **25 Maury** bei **Thunevin-Calvet** *(avenue Jean Jaurès | Tel. 04 68 51 05 57 | thunevin-calvet.fr)*. **Zurück in Saint-Paul-de-Fenouillet** wird das Abendessen im familiären Hotel **26 Relais des Corbières** *(9 Zi. | 10, avenue Jean Moulin | Tel. 04 68 59 23 89 | lerelaisdescorbieres.com | €)* serviert, wo Sie auch die Nacht verbringen.

Nur eine Dreiviertelstunde nach dem Frühstück **sind Sie in** **27 Perpignan → S. 73**. Genießen Sie die katalanische Atmosphäre in der alten Hauptstadt des Roussillon in Gassen wie der **rue Paratilla**, bevor Sie sich **am Nachmittag aufmachen nach** **28 Collioure → S. 64**. Hier, im schönsten Städtchen der Côte Vermeille, endet die Reise. Steigen Sie ab im **Hôtel Les Templiers → S. 65** und ein letztes Mal ins Auto: Der Rundblick auf Roussillon und Pyrenäen vom **29 Balcon de Madeloc → S. 67** *(2 Std. vom Parkplatz zu Fuß hin und zurück)* ist ein grandioser Abschied von der Purpurküste!

41 km
23 Château de Peyrepertuse
12 km
24 Château de Quéribus
7 km
25 Maury
8 km
26 Relais des Corbières

TAG 8

41 km
27 Perpignan
30 km
28 Collioure
9 km
29 Balcon de Madeloc

2 RUND UM DEN MONT LOZÈRE

START: 1 Le Pont-de-Montvert
ZIEL: 1 Le Pont-de-Montvert

6 Tage
reine Gehzeit
27 Stunden

Strecke: 110 km
mittel
Höhenmeter: 1100 m

KOSTEN: Verpflegung und Übernachten: 300 Euro pro Person
MITNEHMEN: Wanderausrüstung, Wanderkarte IGN Top 25 Nr. 2739 OT Mont Lozère – Florac (wechselnde Markierungen im Gelände)

ACHTUNG: Beste Wanderzeit ist von Mitte Mai bis Mitte September. Decken Sie sich mittwochs auf dem Markt von **1 Pont-de-Montvert** mit Proviant für die Wanderung ein.

Brechen Sie auf in die menschenleere Weite der ebenso zauberhaften wie rauen Landschaft des Nationalparks Cevennen. Bei der Umrundung des 1699 m hohen Sommet de Finiels, dem Gipfel des Mont Lozère, erleben Sie französische Gastfreundschaft.

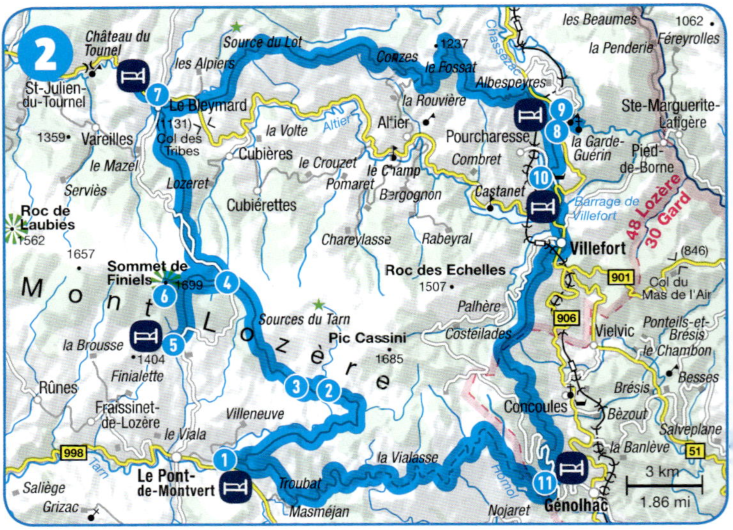

TAG 1

① Le Pont-de-Montvert

9 km

② Mas Camargues

2 km

③ L'Hôpital

6 km

④ Skistation am Col de Finiels

5 km

⑤ Maison Victoire

TAG 2

5 km

⑥ Finiels-Gipfel

Catherine und Philippe Galzin waren in ① **Le Pont-de-Montvert** in den 1970er-Jahren Vorreiter für grünen Tourismus. Von ihrem Gästehaus INSIDER TIPP **Le Merlet** *(4 Zi. | Tel. 04 66 45 82 92 | www.lemerlet.com | €)* – in dem Sie idealerweise übernachtet und zum köstlichen Abendessen frisches Gemüse aus dem Garten, Lammfleisch aus eigener Herstellung und Weine der Region genossen haben – starten Sie am frühen Morgen. **Zunächst geht es zur Pont du Tarn,** an der Brücke ist der Fluss noch ein harmloser Bach. **An dem teilweise renovierten Weiler Bellecoste vorbei führt Sie der Weg zum kleinen Museum im** ② **Mas Camargues** *(Juli/Aug. tgl. 10.30–12.30 und 14.30–18.30 Uhr | Eintritt frei | www.cevennes-parcnational.fr)*. **Nach 2 km erreichen Sie den charmanten Weiler** ③ **L'Hôpital**, wo vor Jahrhunderten der Malteserorden angesiedelt war. **Kurz vor dem Ortseingang** lockt eine wunderschöne Stelle zur Badepause im Tarn mit Picknick. **Sanft ansteigend wandern Sie dann rund 1,5 Std. (7 km) zur modernen** ④ **Skistation am Col de Finiels** (1541 m). Abends empfängt Sie Jacqueline Galzin in der ⑤ **Maison Victoire** *(3 Zi. | Finiels | Tel. 04 66 45 84 36 | gites-mont-lozere.com/maison-victoire | €)* mit authentischer Bergküche.

Kult wie Tradition ist es, **von der Passhöhe aus zwei Stunden vor Tagesanbruch den Aufstieg zum** ⑥ **Finiels-Gipfel**

(1699 m) zu starten, um dort den Sonnenaufgang zu erleben. Und beim Frühstück aus dem Rucksack den – bei gutem Wetter – Weitblick vom Mittelmeer bis zu den Alpen zu genießen. **Beim Abstieg auf der Nordseite** säumen zwei Meter hohe Grenzsteine aus der Zeit der Templer die *draille*, den Weg für den Viehauftrieb. **Nach rund 11 km erreichen Sie im Tal des Lot die Skistation ⑦ Le Bleymard**. Dort können Sie nicht nur in Dominque Thuots Pension **La Combette** *(4 Zi. | Tel. 04 66 48 61 35 | lacombette.com | €–€€)* essen, sondern auch romantisch in einer *roulotte*, einem Pferdewagen mit Holzschnitzereien, glänzendem Messing und eigenem Bad nächtigen.

Gut erholt **wandern Sie am nächsten Morgen gen Osten rund 28 km hin zu einem der schönsten Dörfer Frankreichs: ⑧ La Garde-Guérin**, ein Natursteinidyll hinter einem Mauerring mit einem Dutzend Einwohnern. Von Ostern bis Oktober öffnet dort die **Auberge Regordane** *(16 Zi. | Tel. 04 66 46 82 88 | www.regordane.com | €)* mit gutem Restaurant ihre Pforten in einem Gebäude aus dem 16. Jh. Sie ist **Ausgangspunkt für Spaziergänge im Dorf** mit seiner romanischen **Kirche** aus dem 12. Jh. und den Aufstieg auf den **Festungsturm** (enge Treppen!) mit einer traumhaften Aussicht auf das Dorf und die Gorges du Chassezac.

Heute entdecken Sie die spektakulären Schluchten auf einem geländergesicherten ⑨ Aussichtspfad hoch über den Kletterrouten. Bei klarem Himmel sehen Sie in der Ferne den Mont Ventoux in der Provence – und direkt unter sich die Kletterer ... **Danach geht es 6 km nach Süden zum ⑩ Lac de Villefort** **→ S. 120**, einem zauberhaften Stausee, der auf 600 m Höhe zum Baden einlädt. Seine Wasserqualität ist so gut, dass er die begehrte Blaue Flagge *(pavillon bleu)* erhalten hat. Mit einem Boot des Ferienzentrums **Grandeur Nature** *(grandeurnature48.com)* **erkunden Sie entspannt den See vom Wasser aus. Direkt neben der Badestelle** übernachten

11 km
⑦ Le Bleymard

TAG 3
28 km
⑧ La Garde-Guérin

TAG 4
1 km
⑨ Aussichtspfad
5 km
⑩ Lac de Villefort

Da geht's lang: auf dem GR 70 rund um den Mont Lozère

Sie im familiären **Hôtel-Restaurant du Lac** *(10 Zi. | Route de Langogne | Tel. 04 66 46 81 20 | hotel-villefort.com | €)*, das auf der Sonnenterrasse regionale Traditionsküche mit Fisch und Fleisch aus Aubrac und Lozère serviert.

TAG 5

18 km

⑪ Gîte Tourèves

Am fünften Tag folgen Sie den Wegzeichen des Grande Randonnée (GR) 68 und überwinden in fünf Stunden auf 14 km rund 400 Höhenmeter. Immer wieder eröffnen sich vom Weg weite Ausblicke auf die Westflanke des Mont Lozère. Ihre letzte Nacht am Berg verbringen Sie bei Dominique im rustikal-gemütlichen ⑪ **Gîte Tourèves** *(4 Zi., 1 Schlafsaal | Génclhac | Tel. 04 66 61 10 01 | toureves.sitew.fr | €)* in 900 m Höhe.

TAG 6

24 km

① Le Pont-de-Montvert

Zurück zum Startpunkt Ihrer Wanderung bringt Sie am sechsten Tag erst der GR 68, dann ein Wanderweg mit gelber Markierung in acht Stunden (23 km). Unterwegs passieren Sie die alte Hofstelle Ferme de l'Aubaret – mit Glück entdecken Sie dort vielleicht den Schäfer, der seine Herde weidet, bevor Sie ① **Le Pont-de-Montvert** erreichen.

3 WEIN & MEER: MIT DEM RAD DURCH DIE PETITE CAMARGUE

START: ① Vauvert
ZIEL: ① Vauvert

Strecke: 50 km
sehr leicht
Höhenmeter: 250 m

1 Tag
reine Fahrzeit
2,5–3 Stunden

KOSTEN: Radverleih ab 25 Euro/Tag, Essen 15–30 Euro, jeweils pro Person; Wein ab 5,75 Euro
MITNEHMEN: Picknickdecke, Sonnenschutz, Proviant, Wasser, Fahrradset (Helm, Luftpumpe, Flickzeug)

ACHTUNG: Der Landgasthof **L' Ancien Monastère** ist Mo und Di, das ⑤ **Centre de Découverte de Scamandre** Mo geschl.

Von den Weingärten der Costières des Nîmes radeln Sie ganz entspannt zu den Lagunenseen und einsamen Gehöften der Petite Camargue.

① Vauvert

17 km

09:30 Von ① **Vauvert** aus, wo Sie beim Fahrradverleih **Le Barjonaute** *(282, rue Carnot | Tel. 06 03 53 65 64 | lebarjonaute.com)* **Ihr Rad übernehmen,**

fahren Sie nach Beauvoisin *(beauvoisin.fr)* **und dort in Richtung Générac. Biegen Sie kurz vor dem Dorfzentrum auf die Route de Franquevaux (D 197) ab.** Die Weingärten der Costières des Nîmes begleiten Sie. Am Horizont funkeln Lagunenseen in der Sonne. **Zur Linken liegt das Bioweingut** *Domaine de Bel Air la Côte (tgl. 10–12 u. 14–19 Uhr | Tel. 04 66 73 30 22 | belairlacote.camargue.fr)* mit seinen mehr als 40 Jahre alten Weinstöcken mit Grenache, Carignan und Syrah-Reben, die wahrhaft sonnendurchglühte Weine liefern. Warten Sie aber mit der Verkostung bis zum ❷ **Château Beaubois** *(Route de Franquevaux | Franquevaux Beauvoisin | Tel. 04 66 73 30 59 | chateau-beaubois.com | €–€€)* von Fanny und François Boyer. Für ihre Bioweine haben die Geschwister bereits etliche Auszeichnungen erhalten. Besonders köstlich: der Rosé L' Expression.

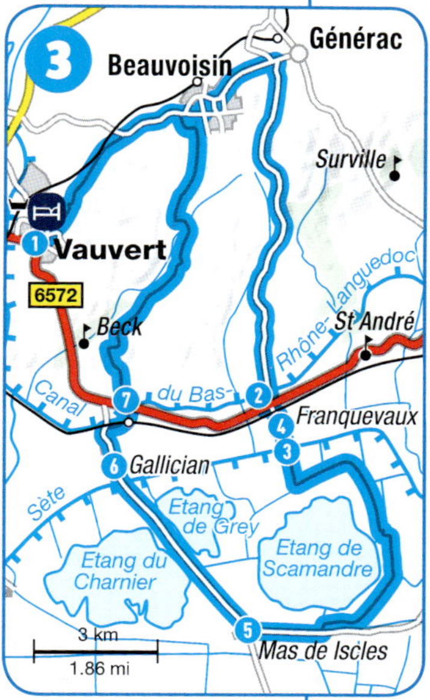

12:00 Die Szenerie am ❸ **Canal du Rhône à Sète** sollten Sie unbedingt genießen. Setzen Sie sich ins Gras und lassen Sie das Bild auf sich wirken: hinter Ihnen die Weingärten, vor Ihnen eine Kanalbrücke, dahinter amphibisches Grasland – malerisch! Wenn jetzt ihr Magen knurrt, dann warten im denkmalgeschützten Dörfchen ❹ **Franquevaux** eine mittelalterliche **Abtei** und der gemütliche Landgasthof **L' Ancien Monastère** *(Mi–Sa 12–14 und 19.30–22, So 12–14 Uhr | rue de l'Abbaye | Tel. 04 66 80 95 58 | restaurant-ancien-monastere.fr | €)*: Auf der baumbeschatteten Terrasse werden an Holztischen zum Zirpen der Grillen Makrelen-*rillettes*, Gänseschlegel mit Steinpilzen, eine Kabeljaupfanne oder saftiges Rindersteak, Käse und Dessert im Stil des Midi für günstige 30 Euro serviert. Nach dem Schlemmen zu müde zum Weiterradeln? Eine kleine Auszeit im **Spa des Templiers** *(place du Monastère | ab 16 Euro | Tel. 04 66 88 02 95 | beaute-spa-templiers.com | €)* macht Sie wieder fit.

Weiter gen Süden radeln Sie vorbei an Schilf auf kleinen Landwegen links (!) herum um den Étang du Scamandre hin zum ❺ INSIDER TIPP **Centre de Découverte de Scamandre** *(Di–Sa 9–18 Uhr | Route des Isles | Gallici-*

❷ Château Beaubois

2 km

❸ Canal du Rhône à Sète

400 m

❹ Franquevaux

11 km

❺ Centre de Découverte de Scamandre

5 km
❻ Gallician
2 km
❼ Château Mas Neuf
14 km
❶ Vauvert

an | Eintritt frei | camarguegardoise.com), das Flora und Fauna der Petite Camargue vorstellt – und einlädt, sie **auf einem 1 km langen Weg mit hölzernem Steg durch die Lagune** hautnah zu entdecken. **Danach folgen Sie 5,5 km lang der D779, die mitten durch die Lagunenlandschaft führt:** rechts der Étang du Crey, links der Étang du Charnier.

15:00 **Überqueren Sie den Canal du Rhône à Sète und erkunden Sie das Herz des ehemaligen Fischerdorfes ❻ Gallician**, das heute fest in der Hand der Winzer und Hausbootkapitäne ist. Die Familie von Jean-Pierre Rambier keltert etwa im **Mas du Notaire** *(famillerambier.com)* tollen Wein. Ebenso das südlichste Weingut des Rhône-Tales, das direkt am Jakobsweg liegt: Die Reben des nahen **❼ Château Mas Neuf** *(Verkostung: Mo–Fr 9–12 u. 14–17 Uhr, Sa/So n. Voranmeldg. | Tel. 04 66 73 33 23 | chateau-mas-neuf.com | €–€€)* wachsen im alten, steinigen Bett der Rhône – lauter rote Verführer.

Vorbei an der großen Salzpfanne der Salin de Vauvert bringt Sie der Chemin des Salines (D779) zurück nach ❶ Vauvert. Verbringen Sie die Nacht in einem einstigen Camarguehof des 17. Jhs.: im **Mas Tolosan** *(5 Zi. | 166, rue de Milan | Tel. 04 66 88 85 29 | mastolosan.net | €€)*. Hier wartet außerdem ein erfrischender Sprung in den Pool.

Wo man lauschig Weine kostet: im Hof des Weinguts Mas du Notaire

4 KATHARERBURGEN, WEINBERGE UND EINSAME WEITEN

START: ① Cascastel
ZIEL: ① Cascastel

3 Tage
reine Gehzeit
ca. 15 Stunden

Strecke: **57 km**
mittel
Höhenmeter: 650 m

KOSTEN: 180 Euro (mit Gleitschirmflug 260 Euro) pro Person

MITNEHMEN: Wanderschuhe und -stöcke, Regenschutz, ausreichend Wasser, Kopfbedeckung, Sonnenschutz, Badekleidung

ACHTUNG: Informationen über den *Sentier Cathare* unter *www.lesentiercathare.com*, Markierung: rot-weiße Balken. Kartenmaterial: randoeditions.glenatlivres.com; Tipps und Broschüren: *Office de Tourisme (2, route de Duilhac | Cucugnan | Tel. 04 68 45 69 40 | www.corbieres-sauvages.com)*. Weinprobe im ② **Château de Nouvelles** nur nach Anmeldung (Sa/So geschl.). Rückfahrt 33 km per Bus.

Der 200 km lange Fernwanderweg Sentier Cathare führt in zwölf Tagesetappen vom Mittelmeerhafen Port-la-Nouvelle bis nach Foix am Fuße der Pyrenäen. Besonders abwechslungsreich ist die Teilstrecke von Durban-Corbières nach Cucugnan, wo Sie mit Peyrepertuse und Quéribus die beiden spektakulärsten Katharerburgen besichtigen können.

Starten Sie Ihre Reise auf den Spuren der Katharer im 200-Seelen-Dorf ① Cascastel 6 km südwestlich von Durban-Corbières auf der Domaine Grand Guilhem *(4 Zi. | 1, chemin du Col-de-la-Serre | Tel. 04 68 45 86 67 | grandguilhem.com)*, wo Sie die vergangene Nacht verbracht haben und Ihr Auto für die nächsten Tage abstellen können. **Die ersten 6 km der Wanderung führen mitten durch die Weinberge, bevor Sie den Ort Embres-et-Castelmaure erreichen.** Hier gedeihen an den Hängen des trockenen und kahlen Serre-Gebirges, zwischen Rosmarin, Thymian und Lavendel, Reben, aus denen die örtliche Kooperative *(castelmaure.com)* originelle Tropfen keltert.

Wein, Karsthügel und einsame Weite begleiten Sie, **bis Sie nach 15 km das nächste Weingut erreichen: ② Château de Nouvelles** *(Mo–Fr 8–11.45 und 14–17.45 Uhr | Tel. 04 68 45 40 03 | www.chateaudenouvelles.fr)* **in der Appellation Fitou. Von hier sind es noch 3 km zum ③ Château d'Aguilar** *(www.payscathare.org)*, das 1260 zur kö-

TAG 1

① Cascastel

21 km

② Château de Nouvelles

3 km

③ Château d'Aguilar

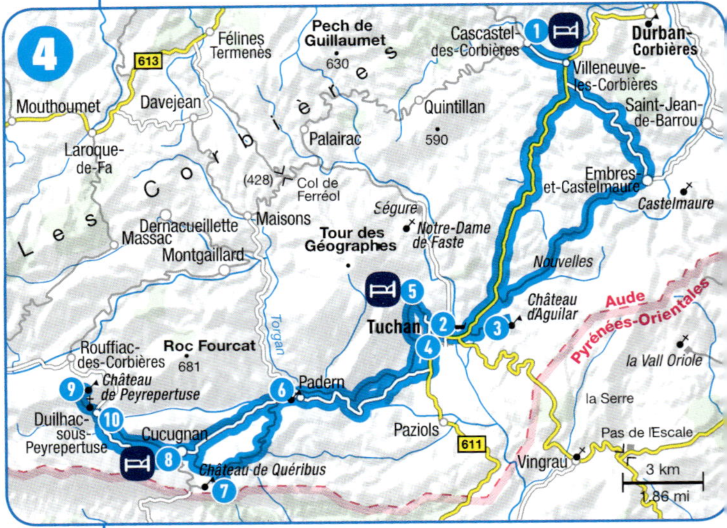

3 km

4 Didier Trocquemé

3 km

5 Gîte St-Roch

TAG 2

10 km

6 Padern

8 km

7 Château de Quéribus

3 km

8 Cucugnan

niglichen Festung inmitten der Weinberge wurde. Streifen Sie durch die Ruine, bevor Sie die Burg aus einer völlig anderen Perspektive erleben – nämlich beim INSIDER TIPP **Tandem-Gleitschirmflug** mit **4 Didier Trocquemé** *(22, rue de la barricade | Tuchan | 75 Euro | Tel. 0676751891 | parapentebiplace.fr)*. Die Nacht verbringen Sie direkt am Katharerweg bei Elisabeth Madaule im **5 Gîte St-Roch** *(2 Zi. und Schlafräume für bis zu 12 Pers. | route de Faste | Tuchan | Tel. 0468454791 | www.gitesaintroch.fr | €)* in einer ehemaligen Schäferei.

Wandern Sie am nächsten Morgen hinunter ins Winzerdorf Tuchan **→ S. 75****, folgen Sie dann der rot-weißen Markierung und dem Lauf der Verdouble 11 km lang bis** **6 Padern**. Kurz vor dem Ort liegt bei **Grau de Padern** eine wildromantische Stelle zum Wildbaden und Picknicken. Bis ins 20. Jh. wurden in den Minen von Padern Erze gefördert; bis ins 11. Jh. zurück reichen die Wurzeln der gleichnamigen **Burgruine**, die Sie gratis besichtigen können.

Die letzte Tagesetappe fordert Kondition: **8 km lang geht es nun durch lichten Wald und Wiesen stramm bergauf zum** **7 Château de Quéribus** **→ S. 77**, das in 784 m Höhe schwindelerregend auf einem Karstgrad thront. Heutiges Tagesziel ist das wunderschöne Dorf **8** INSIDER TIPP **Cu-**

cugnan, das Alponse Daudet in „Le Curé de Cucugnan" literarisch verewigt hat. Nicht minder berühmt ist Roland Feuillas, der Getreide aus der Antike anbaut, in seiner malerischen Feldsteinmühle **Les Maitres de Mon Moulin** *(Mo geschl. | 3, rue du Moulin | www.farinesdemeule.com | €)* mahlt und zu Bio-Brot, Gebäck und Nudeln verarbeitet – unbedingt kosten! Als Unterkunft empfiehlt sich **Les Santolines** *(3 Zi., 2 Ferienwohnungen | 12, rue Alphonse Daudet | Tel. 04 68 45 00 04 | www.les-santolines.fr | €)*.

Der nächste Tag beginnt mit dem letzten großen Aufstieg: Auch zur königlichen Festung **9 Château de Peyrepertuse** → S. 76 **geht es zunächst nur sanft, ab Duilhac-sous-Peyrepertuse steil bergauf. Ihr Lohn für die fast 600 Höhenmeter:** ein mittelalterliches Juwel, groß wie keine andere Burg der Katharer. Alljährlich Anfang August feiert sie ein riesiges Mittelalterfest mit mehr als 60 Straßenkünstlern, Ritterkämpfen und Feuerwerk. **Nach dem Abstieg** haben Sie sich ein leckeres Mittagessen in der **10 Auberge la Batteuse** *(Mi geschl. | 2, chemin de la Batteuse | Tel. 06 19 50 53 99 | aubergelabatteuse.fr | €–€€)* verdient, **bevor es mit dem Bus 32 km zunächst bis Tuchan und dann bis 1 Cascastel zurückgeht.**

TAG 3

7 km

9 Château de Peyrepertuse

2 km

10 Auberge la Batteuse

33 km

1 Cascastel

Im Gleitschirm sitzt man in der ersten Reihe: Adlerblick aufs Schloss Peyrepertuse

SPORT & WELLNESS

Das Angebot an Aktivitäten auf dem Wasser und am Strand ist in allen Badeorten beispielhaft. In Segel-, Surf- und Tauchclubs stehen neben erstklassigem Material erfahrene Lehrer für Anfänger und Fortgeschrittene bereit.

Bei Ausflügen zu Fuß, mit dem Rad oder zu Pferd ist das Hinterland von den Cevennen bis zu den Pyrenäen zu entdecken, das Landschaften von vielfältiger Schönheit erschließt.

ANGELN

Phantastische Angelreviere finden sich in Seen, Flüssen und Bergbächen von den Cevennen bis zu den Pyrenäen. Tageskarten bekommen Sie meist bei den Touristenbüros. Meeresangeltouren werden u. a. angeboten von: *Gruissan Thon Club (quai d'Honneur | Gruissan | Tel. 04 68 49 14 41 | www.gruissanthonclub.fr)*; *Méteore II (quai Colbert | Grau-du-Roi | Tel. 06 08 00 89 37)*. Die *Compagnie Maritime Roussillon-Croisières (Tel. 04 68 21 12 08 | www.roussillon-croisieres.com)* hat Anlegestellen u. a. in den Häfen von Argelès, St-Cyprien und Port-Vendres.

KANU & KAJAK

Machen Sie sich auf in die Welt der *étangs* an der Küste mit ihren Inseln und ihrer reichen Vogelwelt. Sie und die Küstengewässer allgemein entdecken Sie auf besonders schöne Weise im Kanu oder Kajak. Versierte Kanuten nehmen die wilden Wasser der Oberläufe

Bild: Seekajaks bei Palavas-les-Flots

Wassersport und mehr: 200 km Badeküste mit feinen Sandstränden und tolle Reviere für Wanderer, Kanu- und Kajakfahrer, Biker ...

von Aude, Verdouble, Orb, Dourbie und Hérault und deren Schluchten in Angriff. Meereskajaks und -kanus kann man an den Stränden der Badeorte stundenweise mieten. Auskunft: *Comité Régional Canoë-Kayak (Tel. 04 67 82 18 63 | www.ffck.org)*. Für Ausflüge in der Tarnschlucht: *Le Canophile (route de Florac | Ste-Enimie | Tel. 04 66 48 57 60 | www.canoe-tarn.com)*. Für Ausflüge in der Audeschlucht: *Rodeo Raft (3, quartier de la Condamine | Belvianes et Cavirac | Tel. 04 68 20 98 86 | www.rodeoraft.com)*.

RADWANDERN & MOUNTAINBIKING

In allen Badeorten gibt es Fahrradverleiher. E-Bikes sind perfeklt fürs bergige Hinterland mit den Corbières und den Pyrenäen. Auf Radwegen können Sie die nähere Umgebung erkunden, beim Radwandern über weitere Distanzen sind, besonders mit dem Mountainbike, die rund 6300 km beschilderten Wanderwege ideale Parcours. Sie sind nach Schwierigkeitsgraden farblich markiert. Über 120 solche Strecken für Mountainbiker (VTT) gibt es im Departement Lozère, darunter die große Überquerung des Zentralmassivs. Die 75 km vom Mont Lozère bis nach Ste-Enimie in der Tarn-Schlucht sind in knapp sechs, der 50 km lange Abschnitt von Ste-Enimie bis zum Mont Aigoual mit einem Höhenunterschied von mehr als 1000 m in knapp fünf Stunden zu schaffen (detaillierte Karten: *www.chamina.com*). In den Corbières ist eine 212 km lange VTT-Strecke durch die Weinberge in mehreren Etappen ausgeschildert, die zum Teil dem Fußwanderweg *Sentier Cathare* entspricht. *www.tourisme-corbieres-minervois.com*

REITEN

Die *centres équestres* der Küstenorte organisieren Strandritte, z. B. bei Canet-en-Roussillon die *Ranch Colorado (rond-point Ste-Marie | Tel. 04 68 73 58 18 | www.ranch-colorado.fr)*. Ausflüge zu Pferd veranstaltet die *Ranch des Salins (Villeneuve-lès-Maguelone | Tel. 04 67 69 59 70)* bei Sète. Wenn Sie durch die Camargue galoppieren wollen, sind Sie im *Mas de l'Espiguette (route de l'Espiguette | Tel. 04 66 51 51 89 | www.masdelespiguette.com)* bei Grau-du-Roi gut aufgehoben. Ein 160 km langer Rundweg für Pferdewanderungen führt über vier Etappen von Florac über Meyrueis und Nissoulogres durch das Departement Lozère *(www.tourisme-equestre-lozere.com)*.

SEGELN & WINDSURFEN

Jeder Badeort mit Marina hat seine Segelschule mit Verleih, wo man Segeln, Windsurfen, Funboard- oder Wasserskifahren lernen kann. Die Ausbildung ist seriös, mit staatlich geprüften Lehrern, die mitunter bekannte Profis oder gar Weltmeister sind: *Form'Marine (20, rue Georges Braque | Collioure | Tel. 06 09 76 96 70 | www.form-marine.com); Le Central Windsurf (Plage des Pins | Argelès-sur-Mer | Tel. 07 50 60 57 61 | www.centralwindsurf.com); Centre nautique du Cap (Plage Richelieu | Cap d'Agde | Tel. 04 67 01 46 46 | www.centrenautique-capdagde.com); Centre Nautique (esplanade Jean Baumel | La Grande-Motte | Tel. 04 67 56 62 64 | www.ycgm.fr)*

TAUCHEN

Tauchclubs mit diplomierten Lehrern gibt es in allen großen Badeorten. So hat allein Argelès-Plage fünf Clubs, die Lehrgänge und Tauchausflüge zu Wracks anbieten, z. B. *Archipel Plongée (8, Résidence Les Villégiales du quai d'Honneur | esplanade du Nouveau Monde | Tel. 04 68 95 71 03 | archipelplongee.com)*.
Mit einem Audioguide im Spezialschnorchel entdecken Sie in Cerbère-Banyuls das einzige ● Meeresschutzgebiet der Côte Vermeille auf einem **INSIDER TIPP** *Sentier Sous-Marin (Juli/Aug. tgl. 12–18 Uhr | Schnorchelset: 7 Euro, Pfad frei | Plage de Peyrefite | www.ledepartement66.fr)*.

WANDERN

Die urwüchsigen Landschaften der Cevennen und Causses, der Corbières und Haut-Languedoc, die Mittelmeerküste und die Pyrenäen sind Wanderland! Der Jakobsweg führt von Le Puy-en-Velay in der Auvergne durch das Languedoc-Roussillon über Aubrac in der Lozère. Der Weg überschneidet sich zum Teil mit dem Fernwanderweg GR 70 auf den Spuren von Robert Louis Stevenson *(www.gr70-stevenson.com)*. Ein herrlicher, knapp 200 km langer Fernwanderweg ist der *Sentier Cathare (www.lesentiercathare.com)* zu den Katharerschlössern nach Foix. Sie können aber auch auf eigene Faust die Region erkunden, z. B. auf dem

INSIDER TIPP *Circuit Botanique Méditerranéen*, der 11 km von Argelès bei Montesquieu-des-Albères ausgeschildert ist. Mitten durch die amphibische Naturlandschaft der Camargue führen drei INSIDER TIPP *Naturlehrpfade*, die am neuen *Centre du Scamandre* von Vauvert beginnen. Das 146 ha große Naturschutzgebiet ist ein Paradies für Ibisse und Reiher *(www.camarguegardoise.com)*.

WELLNESS

Von der Lozère hinab zum Mittelmeer und bis zum Fuß der Pyrenäen erstreckt sich eine der wichtigsten Thermalregionen Frankreichs. Staatlich anerkannte Kurbäder tragen fast immer den Zusatz „-les-Bains" im Namen. Seit der Antike berühmte Kurorte des Languedoc-Roussillon sind *Balaruc-les-Bains (balaruc-les-bains.com)* und *Vernet-les-Bains (thermes-vernet.com)*, so traditionsreich wie sehenswert sind die Thermalbäder *Amélie-les-Bains, Le Boulou, Moltig-les-Bains* (alle drei: *chainethermale.fr*) und *Prats-de-Mollo/La Preste (laprestelesbains.com)*. Der Architekt Jean-Michel Wilmotte entwarf am Ufer des Bès das schönste Thermalbad der Lozère: ● *La Chaldette (Öffnungszeiten s. Website* | www.lachaldette.com*)* in Brion. In den einzigartigen heißen Schwefelquellbädern der Pyrénées-Orientales warten inmitten der Berge in *St-Thomas (bains-saint-thomas.fr)*, *Dorres (www.bains-de-dorres.com)* und *Llo (bains-de-llo.com)* wahre Wohltaten. Auf die Heilkraft des Meeres setzen die Thalasso- und Balneoeinrichtungen entlang der Küste. Exzellente Thalassozentren mit Hydro- und Druckstrahlmassagen, Meerwasserduschen, Schlamm- und Algen-Anwendungen finden Sie in *Banyuls-sur-Mer (● Thalacap Catalogne | www.cote-thalasso.fr)*, *Canet-en-Roussillon (Les Flamants Rose | fr.hotel-flamants-roses.com)* und *Port-Bacarès (Thalassol | www.thalassol.com)*.

Hinterm Horizont geht's weiter: einsamer Wanderer am Mont Lozère

MIT KINDERN UNTERWEGS

Das Markenzeichen aller kinderfreundlichen Urlaubsorte in Frankreich ist das Gütesiegel *Famille Plus.* Alle Strände sind bewacht und Spielplätze, kostenlose Toiletten und Duschen sind Standard.

LANGUEDOC

ESPACE GRAND BLEU LA GRANDE-MOTTE (141 E3) (*🗺 G7*)

Parc aquatique mit einem künstlichen Wildwasserfluss, Riesenwasserrutschen von 12 m Höhe und 18 m bzw. 48 m Länge, aber auch Schwimmschule, Sauna, Hamam und Jacuzzi. *Sommer Mo–Fr 10–20, Sa/So 10–19, Winter im Innenbereich Sa/So 10–18 Uhr | 195, rue St-Louis | Sommer 12,60, Kinder 8,45, Winter 6, Kinder 5,45 Euro | www.lagrandemotte.com*

GOUFFRE GÉANT DE CABRESPINE (143 D2) (*🗺 C8*)

Ein Ausflug in diese riesige Höhle ist nicht nur für Kinder ein Erlebnis. Der unterirdische Saal ist 220 m hoch, das Gestein leuchtet in allen Farben. Hobbyhöhlenforscher können an einer INSIDER TIPP mehrstündigen Wanderung unter Tage einschließlich einer Bootsfahrt auf dem unterirdischen Fluss teilnehmen *(Anmeldung erforderlich unter Tel. 04 67 66 11 11). Juli/Aug. tgl. 10.15–18, April–Juni, Sept./Okt. 10.30–12 und 14–17.30, Feb./März, Nov. 14–17.30 Uhr | 10,30 Euro, Kinder 6,20 Euro | www.grottes-de-france.com*

LAC DU SALAGOU (140 B3) (*🗺 E7*)

Am Lac du Salagou verraten Guides in Blitzkursen, wie das Stand-up-Paddling

Bild: am Strand von Collioure

Strandurlaub im Badeparadies: Die von feinem Sandstrand gesäumte Küste ist ein einziger riesiger Kinderspielplatz

(SUP), das Paddeln im Stehen kinderleicht gelingt. Wer umkippt, plumpst in 28 Grad warmes Badewasser. Angeboten werden auch Kinderkurse im Segeln, Surfen und Bogenschießen. *Base de Plein Air du Salagou | Clermont l'Hérault | Tel. 04 67 96 05 71 | basedusalagou.com*

MUSÉE DES DINOSAURES MÈZE

(140 C4) (*F8*)

In dem 500 000 m² großen Park sind Nachbildungen aller Dinos versammelt, die einst die Erde bevölkerten. *Juli/Aug. tgl. 10–19, Feb.–Juni und Sept. 14–18, Okt.–Dez. 14–17 Uhr | 9,80 Euro, Kinder 8,50 Euro | www.musee-parc-dinosaures.com*

PARC ZOOLOGIQUE DE LUNARET

(141 D3) (*F7*)

Mit Straßenbahn und Buszubringer bequem zu erreichen ist der 80 ha große Zoo von Montpellier mit gut 1500 Tieren, die Sie auf einem 11 km langen Weg durch das Gelände mit seinen beiden Teichen entdecken können. Das Gewächshaus *Serre Amazonienne* (s. S. 49) auf dem Zoogelände entführt in die Tier- und Pflanzenwelt am Amazonas. *Sommer Di–So 10–18.30, sonst 9–17 Uhr | 50, avenue Agropolis | Eintritt frei, Gewächshaus 6,50, Kinder 3 Euro | zoo.montpellier.fr*

ROUSSILLON

LES AIGLES DE VALMY
(143 F6) (*🗺 D10*)

Zweimal täglich erlebt man das faszinierende Schauspiel frei fliegender Adler und anderer Raubvögel. *Vorführungen Juli/Aug. tgl. 14.30 und 16.45, April–Juni, Sept.–Nov. Di–Do und So 15 Uhr | Château de Valmy bei Argelès-sur-Mer | 9,50 Euro, Kinder 6,50 Euro | www.lesaiglesdevalmy.com*

DINOSAURIA (142 C4) (*🗺 B–C9*)

Rund um Espéraza im Tal der Aude 10 km nördlich von Quillan haben Archäologen Tausende von Dinosaurierknochen gefunden. In einem 45 m langen Saal können Kinder und Erwachsene die Geschichte der letzten 4 Mrd. Jahre auf der Erde mit Saurierskeletten, einem Gewächshaus und einem Forschungslabor nachvollziehen. *Juli/Aug. tgl. 10–19, Feb.–Juni, Sept./Okt. 10.30–12.30 und 13.30–17.30, Nov.–Jan. Mo–Sa 13.30–17.30 Uhr | 8,70 Euro, Kinder 6,20 Euro | www.dinosauria.org*

INSIDER TIPP PARC MONT ÔZ'ARBRES (143 D6) (*🗺 C11*)

Ein toller Abenteuerpark in der Bergwelt von Vallespir – Große und Kleine können sich auf Hängebrücken oder Seilen von Baum zu Baum hangeln und an einem Felsen unter fachkundiger Aufsicht Klettern üben. Naturfreunde entdecken auf einem botanischen Wanderpfad rund 50 Baumarten. Zum Picknicken lädt ein Grillplatz ein. *April–Nov. tgl. 9.30–19.30, Sommer bis 20.30 Uhr | La Preste | 25, Kinder/Jugendliche je nach Größe 7/10/20 Euro | www.montozarbres-prats.com*

PORT MINIATURE ARGELÈS-PLAGE
(143 F5–6) (*🗺 D10*)

Der Minihafen befindet sich im Freizeitgelände *Espace Paradise,* wo es noch zahlreiche andere Aktivitäten für Kinder und Jugendliche gibt – einen Wasserpark mit Kanufahrten etwa, einen *parcours acrobatique* zum Klettern, eine Kartrennbahn für Kinder ab vier sowie Minigolf- und Bowlinganlagen. *Juli/Aug. tgl. 11–22, April–Juni, Sept. 14–18 Uhr | 5, impasse Copernic | 23 Euro, 5–11 Jahre 18 Euro, Familienticket ab 37 Euro | www.argeles-aventures.com*

RÉSERVE AFRICAINE SIGEAN
(143 F3) (*🗺 D9*)

Auf einem rund 3 km² großen Gelände, das mit niedrigem Buschwerk, verdorrtem Gras und Wassertümpeln fast wie afrikanische Steppe wirkt, tummeln sich rund 3800 Tiere. Sie fahren mit dem Auto im Schritttempo durch den weitläufigen Tierpark und können Antilopen, Flusspferde, Geparden, Giraffen, Löwen und viele andere Tierarten aus der Nähe beobachten. Einen Teil des Geländes kann man zu Fuß erkunden, dort leben die Tiere in großen Gehegen. *Sommer tgl. 9–18.30, sonst 9–16 Uhr | 32 Euro, Kinder 23 Euro | www.reserveafricainesigean.fr*

CEVENNEN

LAC DE VILLEFORT
(138–139 C–D3) (*🗺 F4–5*)

Der Stausee in der Lozère hat einen schön angelegten, im Sommer überwachten Strand und bietet nicht nur auf dem Wasser (Windsurfen, Tretboot, Kanu oder Segeln) jede Menge sportliche Aktivitäten. Auch Ausflüge in Höhlen, Canyoning in

Grundregel Nummer eins in der Réserve Africaine Sigean: Das Auto bitte nicht verlassen!

den Schluchten von Chassezac oder die Via Ferrata, der Kletterpfad hoch über dem See, versprechen Abenteuer. *April–Okt. | Grandeur Nature | Villefort | Tel. 04 66 46 80 62 | grandeurnature48.com*

RÉSERVE DES BISONS D'EUROPE STE-EULALIE (138 B2) (*🕮 E3*)

Nahezu wild leben etwa 40 Wisente in diesem 17 ha großen Reservat. Die Tiere finden hier ideale Bedingungen vor, die Winter sind streng, die Sommer heiß. Außer zu Fuß auf einem 1 km langen Pfad können Sie die Wisente auch per Kutschfahrt und mit Führer besuchen, im Winter mit Pferdeschlitten. *Sommer tgl. 10–18, sonst 10–16 bzw. 17 Uhr | 6 Euro, Kinder (3–11 J.) 4 Euro, mit Kutschfahrt 13,50/7 Euro, mit Schlittenfahrt im Winter 16/8,50 Euro | www.bisoneurope.com*

SUR LES RAILS DU LARZAC (140 A1) (*🕮 D6*)

Hoch über dem Tal des Cernon locken Ausflüge mit der Draisine. Kinderleicht ist die Strecke „Les Orchidées", die 8 km lang mit leichtem Gefälle immer neue Paradeaussichten auf die Landschaft und das Templerstädtchen Sainte-Eulalie-de-Cernon eröffnet. Mehr Kondition erfordert die Rundroute „Les Papillons", für etwas Gänsehaut sorgen das große Viadukt und drei Tunnels. Unbedingt reservieren! Abfahrten *April, Okt. 15, Mai, Juni, Sept. 10–15, Jul./Aug. 9, 11.30, 14, 16.30, 19 Uhr | Bhf. Sainte-Eulalie-de-Cernon | ab 16 Euro, Kinder ab 6 Euro | Tel. 05 65 58 72 10 | www.surlesrailsdularzac.com*

LE TRAIN À VAPEUR DES CÉVENNES (138–139 C–D5) (*🕮 F6*)

Unter Dampf zuckelt der Oldtimerzug 15 km über Viadukte und durch Tunnel zwischen Anduze und St-Jean-du-Gard. Der Zug hält in der *Bambouseraie de Prafrance (März–Nov. tgl. 9.30 Uhr–Sonnenuntergang | Générargues | 10,50 Euro, Kinder bis 12 J. 6,30 Euro | www.bambouseraie.net)*, die mit ihrem Bambuswald und ihrem asiatischen Dorf auch für Kinder interessant ist. Sie können dort aussteigen und später weiterfahren. *April–Mitte Sept. tgl., Mitte Sept.–Okt. Di–So ab Anduze 11.30, 15 und 17 Uhr | Hin- und Rückfahrt 16 Euro, Kinder (4–12 J.) 11 Euro | www.trainavapeur.com*

EVENTS, FESTE & MEHR

FESTE & VERANSTALTUNGEN

KARFREITAG

Bei der ***Procession de la Sanch,*** ein Brauch aus dem 15. Jh., ziehen in Perpignan die Büßer in roten oder schwarzen Kapuzen durch die Straßen.

ANFANG APRIL

Primavera d'Elne: Frühlingsmarkt in Elne

EIN SONNTAG UM DEN 25. MAI

Ein großes Erlebnis ist die ***Fête de la Transhumance,*** der Almauftrieb von Aubrac in den Cevennen.

PFINGSTEN

Eine Woche lang feiert Nîmes die ★ ***Feria de la Pentecôte*** mit Corridas in der Arena, Bällen und Konzerten.

JUNI–SEPTEMBER

Die ***Joutes Nautiques,*** die Schifferstechen, sind farbenprächtige Spektakel, bei denen Mannschaften der Küstenorte gegeneinander antreten, zum Beispiel in Sète und Palavas-les-Flots.

JUNI/JULI

Das Festival ***Montpellier Danse*** versammelt zwei Wochen lang die besten Choreografen der Welt. Viele Veranstaltungen sind gratis. *www.montpellierdanse.com*

JULI

Bei der ***Fête de la Mer*** wird am ersten Juliwochenende in Palavas-les-Flots der Schutzheilige St-Pierre gefeiert – mit Prozession, Weihe der Fischerboote, Schifferstechen, Feuerwerk und Tanz.

Am 14. Juli erstrahlt um 22.30 Uhr beim ***Festival de la Cité*** das mittelalterliche Carcassonne magisch beleuchtet.

Neben Klassik finden beim ***Festival de Musique*** in Montpellier und der Region Weltmusik, Jazz oder Techno Gehör. Die meisten Konzerte sind kostenlos. *www.festivalradiofrancemontpellier.com*

400 kostümierte Tänzer, hinreißende Musik und Kuhkämpfe gibt's beim ***Festival de la Sardane*** Ende Juli in Céret.

JULI/AUGUST

Ein Musikereignis von internationalem Rang ist Mitte Juli bis Mitte August das ★ ***Festival Pablo Casals*** in der Abbaye St-Michel-de-Cuxa bei Prades.

In den historischen Zentren von Béziers, Nîmes und Perpignan wird der Donnerstag zur langen Einkaufsnacht mit INSIDER TIPP ***Straßentheater, Musik und Tanz*** – kostenlos!

Zur Corrida oder ins Konzert? Almauftrieb und Kuhkämpfe, Musikfestivals und Feuerwerk – es ist fast immer was los

AUGUST

Ritterträume beim ***Tournoi de Chevalerie*** von Carcassonne in der 1. Augusthälfte

Festival de la Sardane in Banyuls-sur-Mer Mitte August mit Hunderten Tänzern

Béziers lädt um den 15. August zu einer viertägigen ***Feria*** ein – mit Musik, Tanz, Stierkämpfen und viel Stimmung.

Im Mittelpunkt der ***Fête de St-Louis*** um den 25. in Sète stehen die Schifferstechenkämpfe *Joutes Nautiques*.

SEPTEMBER

Das ● ***Festival Visa pour l'Image*** mit Presse- und Dokumentarfotos aus der ganzen Welt findet in ganz Perpignan statt. *www.visapourlimage.com*

ENDE OKTOBER/ANFANG NOVEMBER

INSIDER TIPP ***Festival de la Soupe*** im Cevennenstädtchen Florac

DEZEMBER

Besonders nostalgisch-romantisch sind die Weihnachtsmärkte in Collioure, Narbonne und Perpignan. ***Pessebre Vivant*** heißt das Krippenspiel in Perpignan im Palast der Könige von Mallorca.

FEIERTAGE

1. Jan.	*Nouvel An* (Neujahr)
April	*Pâques* (Ostern)
1. Mai	*Fête du travail* (Tag der Arbeit)
8. Mai	*Fin de la Guerre* (Kriegsende 1945)
Mai	*Ascension* (Christi Himmelfahrt)
Mai/Juni	*Pentecôte* (Pfingsten)
14. Juli	*Fête Nationale* (Nationalfeiertag)
15. Aug.	*Assomption* (Mariä Himmelfahrt)
1. Nov.	*Toussaint* (Allerheiligen)
11. Nov.	*Armistice* (Kriegsende 1918)
25. Dez.	*Noël* (Weihnachten)

LINKS, BLOGS, APPS & CO.

LINKS & BLOGS

www.maison-de-heidelberg.org Die Maison de Heidelberg in Montpellier organisiert zweisprachige hochkarätige Kulturveranstaltungen oder Stammtische und verfügt über eine kostbare Bibliothek. Auf der Website gibt es eine Liste der wichtigsten Kulturveranstaltungen in der Region von Montpellier

www.de-fra.com Viele praktische Tipps, Reiseberichte und nützliche Adressen, die den Alltag, aber auch den Urlaub im Languedoc-Roussillon leichter machen

collorgues.hol.es Der Deutsche Jürgen Paqué beschreibt nicht nur sehr anschaulich seine Wanderung auf dem Stevenson-Weg durch die Lozère und die Cevennen, sondern auch seine Wahlheimat im Norden des Languedoc-Roussillon

www.marcopolo.de/languedoc Alles auf einen Blick zu Ihrem Reiseziel: interaktive Karten inklusive Planungsfunktion, Impressionen aus der Community, aktuelle News und Angebote ...

lenachbar.wordpress.com Aktuell und hintergründig: Der Blog des freien Korrespondenten Michael Neubauer aus Saint-Germain-en-Laye, der seit 2013 über Entwicklungen und kulturelle Besonderheiten in Frankreich berichtet

www.france-blog.info Website mit aktuellen Informationen aus dem Nachbarland und lesenswerten Blogs

franzoesischkochen.de Tipps und Rezepte aus dem Nachbarland von Aurélia Berger – wunderschön fotografiert und kinderleicht nachzukochen.

meinfrankreich.com Der Blog der MARCO POLO Autorin Hilke Maunder: Gastro- und Reisetipps, Trends und Hintergründe aus der Wahlheimat der Hamburgerin, alle drei Tage neu.

chezlouloufrance.blogspot.fr Eine US-amerikanische Hobbyköchin in der Gegend um Minerve präsentiert Rezepte

Egal, ob für Ihre Reisevorbereitung oder vor Ort: Diese Adressen bereichern Ihren Urlaub. Da manche sehr lang sind, führt Sie der short.travel-Code direkt auf die beschriebenen Websites. Falls bei der Eingabe der Codes eine Fehlermeldung erscheint, könnte das an Ihren Einstellungen zum anonymen Surfen liegen

VIDEOS

www.zevisit.com Video- und Audioguides zum Herunterladen über Städte und Landschaften in Frankreich – die meisten auf Französisch oder Englisch, einige aber auch auf Deutsch

short.travel/lgr10 „Auf den Pfaden der Katharer" ist dieser Film des französischen Fernsehens unterwegs. Wer Französisch versteht, erfährt viel über Land und Leute, aber auch die tollen Bilder sprechen für sich.

short.travel/lgr11 Porträt der modernen Hauptstadt des Languedoc von einem Team des Auslandssenders „Deutsche Welle". Zu Wort kommen Menschen aus Montpellier – ein Sternekoch, ein (deutscher) Geigenbauer, ein Street-Art-Künstler –, die einen lebendigen Blick auf die Universitätsstadt ermöglichen

www.youtube.com/user/tourismelozere Kurze Videofilme machen Lust auf eine Entdeckungsreise im Departement Lozère und seinen Unterregionen wie den Gorges du Tarn den Cevennen und dem Mont Lozère

APPS

Montpellier Contemporain Das ganze Angebot des Tourismusbüros von Montpellier fürs Smartphone bei Google Play und im App-Store

Mon Sud de France Die offizielle Reise-App für Languedoc-Roussillon: Unterkünfte, Restaurants, Sehenswertes, Sport, Freizeit, Wellness und Wein

Canal du Midi Alle Infos und Strecken für Radtouristen und Wanderer

Espace de Liberté Das supermoderne Freizeitzentrum Espace de Liberté in Narbonne liefert über seine App alle Informationen über Angebote wie Skatepark, Schwimmbad, Bowlingbahn oder Cafeteria

NETWORK

www.instagram.com/mein_frankreich Instagram-Account der MARCO POLO Autorin Hilke Maunder mit ihren schönsten Entdeckungen in Frankreich

www.facebook.com/tourisme.suddefrance Aktuelle Tipps für die Urlaubsregion Languedoc-Roussillon aus allen Bereichen: Kultur und Events, Schlemmen und Schlafen, Wandern und Baden, Wellness und Wein

PRAKTISCHE HINWEISE

ANREISE

Die *Autoroute du Soleil* (A 7) durchs Rhônetal ist die schnellste Verbindung. Bei Orange fährt man weiter auf die A 9 *(La Languedocienne)*, erste Etappe ist Nîmes. In die Cevennen gehts von hier auf der N 106 Richtung Alès. Die Autobahn verbindet Nîmes mit Montpellier, Béziers, Narbonne und führt weiter als *La Catalane* über Perpignan nach Spanien. Falls Sie über Paris anreisen, können Sie alternativ über Orléans und Vierzon entweder über die A 20 über Limoges und Toulouse nach Carcassonne fahren oder Sie nehmen die mautfreie, aussichtsreiche A 75 über Clermont-Ferrand in die Lozère oder über Millau (nur die berühmte Autobahnbrücke kostet Maut) bis kurz vor Montpellier. Die französischen Autobahnen sind mautpflichtig. Die Gebühren sind vom Alter und Zustand der Autobahn abhängig, der Mautrechner *www.autoroutes.fr* ermittelt die Kosten.

Der reservierungspflichtige TGV *(train à grande vitesse)* ist die schnellste Verbindung. Von Paris nach Nîmes braucht er knapp drei, nach Perpignan gut fünf Stunden. Gute Zugverbindungen bestehen auch von der Schweiz aus. Wollen Sie weiter ins Landesinnere, gibt es nur wenige Bahnverbindungen. Die französische SNCF *(de.voyages-sncf.com)* ergänzt den Zug dann mit dem Bus *(train + autocar)*, der von bestimmten Bahnhöfen aus weiterfährt. Seit 2012 ist eine neue TGV-Strecke von Frankfurt nach Marseille in Betrieb, über die Sie via Avignon ins Languedoc-Roussillon kommen.

Der wichtigste Flughafen im Languedoc-Roussillon ist Montpellier, der von den großen Airlines, aber auch von Billigfliegern von vielen deutschen Flughäfen angesteuert wird. Der kleinere Flughafen Béziers wird nur von Ryanair direkt von Düsseldorf angeflogen; Carcassonne und Perpignan werden von der Air-France-Tochter Hop! über das Drehkreuz Paris-Orly bedient; Nîmes und Carcassonne sind auch mit Umsteigen in Paris von Deutschland aus nicht zu erreichen.

Seitdem vor einigen Jahren auch in Frankreich der Markt für Fernbusse liberalisiert wurde, machen Anbieter wie die SNCF-Tochter *Ouibus (de.ouibus.com/de)* und *Megabus (de.megabus.com)* der Bahn heftig Konkurrenz. Von Deutschland aus starten u.a. *Eurolines (www.eurolines.*

GRÜN & FAIR REISEN

Auf Reisen können auch Sie viel bewirken. Behalten Sie nicht nur die CO_2-Bilanz für Hin- und Rückreise im Hinterkopf *(www.atmosfair.de; de.myclimate.org)* – etwa indem Sie Ihre Route umweltgerecht planen *(www.routerank.com)* – , sondern achten Sie auch Natur und Kultur im Reiseland *(www.gate-tourismus.de; www.ecotrans.de)*. Gerade als Tourist ist es wichtig, auf Aspekte wie Naturschutz *(www.nabu.de; www.wwf.de)*, regionale Produkte, wenig Autofahren, Wassersparen und vieles mehr zu achten. Wenn Sie mehr über ökologischen Tourismus erfahren wollen: europaweit *www.oete.de*; weltweit *www.germanwatch.org*

de) und *Flixbus (www.flixbus.de)* zu Zielen im Languedoc-Roussillon. Eine Fahrt von Berlin nach Montpellier dauert rund 26 Stunden und kostet 70 bis 100 Euro. Hilfreich bei der Reiseplanung ist das Portal *www.goeuro.de/fernbus/frankreich*.

AUSKUNFT

ATOUT FRANCE – FRANZÖSISCHE ZENTRALE FÜR TOURIMUS

– Deutschland: *Postfach 100128 | 60001 Frankfurt | info.de@rendezvousenfrance.com*
– Österreich: *Tel. 01 503 28 92*
– Schweiz: *Tel. 04 42 17 46 00*

Für alle deutschsprachigen Länder gilt die Internetadresse *www.france.fr*

COMITÉ RÉGIONAL DU TOURISME LANGUEDOC-ROUSSILLON

Capdeville le Millénaire 2 | 417, rue Samuel Morse | 34960 Montpellier | Tel. 04 67 22 98 09 | de.destinationsuddefrance.com

COMITÉ DÉPARTEMENTAL DU TOURISME DE L'AUDE

allée Raymond Courrière | 11855 Carcassonne Cedex 9 | Tel. 04 68 11 66 00 | www.audetourisme.com

COMITÉ DÉPARTEMENTAL DU TOURISME DU GARD

3, rue Cité Foulc | BP 122 | 30014 Nîmes Cedex 4 | Tel. 04 66 36 96 30 | www.tourismegard.com

AGENCE DE DÉVELOPPEMENT TOURISTIQUE DE L'HÉRAULT

avenue des Moulins | 34184 Montpellier Cedex 4 | Tel. 08 25 34 00 34 | www.herault-tourisme.com

COMITÉ DÉPARTEMENTAL DU TOURISME DE LA LOZÈRE

14, boulevard Henri Bourrillon, B4 | 48001 Mende Cedex | Tel. 04 66 65 60 14 | www.lozere-tourisme.com

COMITÉ DÉPARTEMENTAL DU TOURISME DES PYRÉNÉES-ORIENTALES

16, avenue des Palmiers | 66005 Perpignan Cedex | Tel. 04 68 51 52 53 | www.tourisme-pyreneesorientales.com/de

AUSKUNFT IM INTERNET

Sehr ausführliche touristische und allgemeine Informationen über das Languedoc-Roussillon in übersichtlicher Form bietet *de.destinationsuddefrance.com*. Ferienhäuser und -wohnungen finden Sie bei *www.abritel.fr, www.gites-de-france.fr, www.homelidays.com* oder *www.ferienhaus-privat.de*. Weinfans informieren sich auf *www.vins-languedoc-roussillon.fr* oder *www.languedoc-wines.com, www.francevelotourisme.com* präsentiert Reiseziele und Routen für Radurlauber. Die Museen im Languedoc-Roussillon finden Sie unter *www.musees-mediterranee.org*.

AUTO

Das Autobahnnetz Frankreichs wird ständig erweitert; die Benutzung ist mautpflichtig. Sehr dicht und wenig befahren ist das Netz der Landstraßen; dagegen herrscht auf den meisten Nationalstraßen starker Verkehr. Höchstgeschwindigkeiten: auf Autobahnen 130, bei Regen 110 km/h, National- und Departmentstraßen 90, bei Regen 80 km/h, in Ortschaften 50 km/h. Die Promillegrenze liegt bei 0,5. Motorräder müssen auch am Tag mit

Abblendlicht fahren, für alle Verkehrsteilnehmer gilt das bei Regen und Nebel.

Nicht mehr gesetzlich vorgeschrieben, aber dennoch mitunter nachgefragt bei Polizeikontrollen ist ein Einweggerät für einen Alkoholtest, das für 1,50 Euro in Apotheken, an Tankstellen und in Supermärkten erhältlich ist. Ebenfalls vorgeschrieben ist das Mitführen von Warnweste (für jeden Passgier!) und Warndreieck.

Wer bei Geschwindigkeitskontrollen erwischt wird, muss schon bei geringen Tempolimitüberschreitungen hohe Geldbußen zahlen. Bei Unfällen muss Personenschaden vorliegen, damit die Polizei eingreift. Pannenhilfe *(dépanneur-remorqueur)* vermitteln die Polizei *(Tel. 17)* bzw. die Notrufsäulen an der Autobahn.

Vorsicht vor Dieben! Am besten stellen Sie den Wagen nachts in Hotelgaragen bzw. auf gesicherten Parkplätzen ab – ohne jedes Gepäck. Wertsachen sollte man auch tagsüber keinesfalls im geparkten Wagen liegen lassen, schon gar nicht an Parkplätzen am Strand.

CAMPING

Die meisten Campingplätze liegen an der Küste. Adressen bekommen Sie bei den örtlichen *Offices du Tourisme* und unter *www.campingfrance.com* oder *www.camping-infrankreich.com.* Auf Anfrage erhalten Sie die informative Broschüre „Camping-Caravaning" auch bei den Fremdenverkehrsämtern.

DIPLOMATISCHE VERTRETUNGEN

DEUTSCHES KONSULAT IN MARSEILLE

338, avenue du Prado | Tel. 04 91 16 75 20 | www.marseille.diplo.de

ÖSTERREICHISCHES KONSULAT IN MARSEILLE

27, cours Pierre Puget | Tel. 04 91 53 02 08 | www.bmeia.gv.at

SCHWEIZER KONSULAT IN MARSEILLE

7, rue d'Arcole | Tel. 04 96 10 14 10 | www.eda.admin.ch

LEINEN LOS!

Ein Motorboot ohne Führerscheinpflicht zu leihen und einen Tag auf Entdeckungsreise zu gehen, ist ein großes Erlebnis, z. B. von Cap d'Agde aus übers Meer nach Grau d'Agde und von dort den Fluss Hérault hinauf bis Agde, dann weiter auf dem Canal du Midi bis ins Bassin de Thau mit seinen Austernbänken: *Bleu Marine Plaisance (avenue du Passeur Challies | Cap d'Agde | Tel. 04 67 26 02 50 | ab 180 Euro/Tag | bleumarine-plaisance.com)*. Der *Canal du Midi* ist eine der schönsten Strecken in Europa für Hausbootausflüge. Neben Carcassonne sind die kleinen Häfen wie Le Somail oder Homps ideale Stationen für das Abenteuer auf dem Wasser vom Étang de Thau bis nach Toulouse. Denken Sie daran, Fahrräder für Ausflüge an Land mit an Bord zu nehmen. In der Hochsaison kostet eine Woche auf dem Boot für drei bis fünf Personen ab 1200 Euro, in der Nebensaison ab 700 Euro. Infos finden Sie unter *www.canalmidi.com, www.canal-et-voieverte.com* oder *www.canal-du-midi.org.*

EINREISE

Pass oder Personalausweis genügt zur Einreise, eine Grenzkontrolle findet nur bei Bedarf statt.

FKK

Die Franzosen schätzen den *naturisme.* An der Küste des Languedoc-Roussillon sind rund ein Dutzend FKK-Zentren entstanden, von denen einige zu den größten des Landes gehören. Informationen: *www.naturisme.fr* oder *www.campingo.com/camping-naturiste-france.htm*

GELD & KREDITKARTEN

Geldautomaten sind fast überall vorhanden. Das Zahlen mit Kreditkarten (Mastercard/Eurocard oder Visa) ist wesentlich verbreiteter als in Deutschland, auch bei kleineren Beträgen.

GESUNDHEIT

Falls Sie die Europäische Krankenversicherungskarte EHIC nicht dabeihaben oder Zusatzkosten entstehen, legen Sie Arzt- und Apothekengebühren aus und reichen die Belege der heimischen Kasse zur Erstattung ein. Um einen eventuellen Eigenanteil abzudecken, ist eine Reisekrankenversicherung ratsam.

INTERNETZUGANG & WLAN

Frankreich ist bestens für mobilen Internetzugang ausgerüstet. Nicht nur in Hotels, sondern auch auf öffentlichen Plätzen sind WLAN-Verbindungen (in Frankreich *wifi* genannt) möglich. Trotzdem gibt es in den großen, aber auch in manchen kleineren Orten weiter Internetcafés, die das Surfen im Netz ermöglichen.

KURTAXE

Taxe de séjour wird in der Saison für alle Unterkünfte, Hotels, Ferienwohnungen und Campingplätze erhoben, allerdings ist der Zeitraum für die einzelnen Badeorte nicht einheitlich. Sie ist gestaffelt nach Unterkunftsart und -kategorie, z. B. pro Person im Dreisternehotel rund 0,95 Euro pro Tag, im Zweisternehotel 0,77 Euro, im nicht klassifizierten Hotel 0,35 Euro; für Kinder ab zehn Jahren wird im Allgemeinen der halbe Satz berechnet.

WAS KOSTET WIE VIEL?

Kaffee	3 Euro *für eine Tasse am Tisch*
Brot	0,95 Euro *für ein Baguette*
Wein	ab 4 Euro *für eine Karaffe (0,25 l)*
Museum	3–12 Euro *für den Eintritt*
Benzin	um 1,50 Euro *für 1 l Super 95*
Fahrrad	ab 70 Euro *für die Miete pro Woche*

NOTRUF

Polizei, Notarzt, Feuerwehr: *Tel. 112*

ÖFFENTLICHE VERKEHRSMITTEL

Die größeren Städte sind tagsüber problemlos mit öffentlichen Verkehrsmitteln zu erreichen. In Montpellier ist das Netz von Bussen, Straßenbahn und Radwegen so gut, dass ein Urlaub auch ohne Auto kein Problem ist *(www.tam-voyages.*

com). Im spärlicher besiedelten Hinterland wird es allerdings schon schwieriger mit Bus- oder Bahnverbindungen, auch wenn die Touristenzüge wie in den Cevennen, in den Pyrenäen oder im Land der Katharerschlösser eine Renaissance erleben.
Eine Besonderheit ist das Nahverkehrsnetz im Departement Pyrénées-Orientales, wo in Bus *(www.bus1euro.cd66.fr)* und Bahn *(www.train1euro.fr)* die einfache Fahrt gerade mal 1 Euro und das Wochenabonnement nur 8 Euro kosten, selbst wenn Sie von Perpignan aus die immerhin 100 km lange Strecke bis zur spanischen Grenze nach Bourg-Madame fahren. Der Nachteil: Es gibt keine Nord-Süd-Verbindungen zwischen den Linien, sodass Sie immer nach Perpignan zurückfahren müssen.

POST

Briefe bis 20 g und Postkarten in EU-Länder und die Schweiz kosteten bei Redaktionsschluss 0,80 Euro Porto.

STROM

Die Netzspannung beträgt 230 Volt. Flachstecker passen auch in französische Steckdosen. Sonst braucht man einen Adapter.

TELEFON & HANDY

Telefonzellen sind auch in Frankreich größtenteils verschwunden; man telefoniert mobil. Vorwahlen: nach Deutschland *0049,* nach Österreich *0043,* in die Schweiz *0041.* Nach Frankreich wählt

WETTER IN PERPIGNAN

	Jan.	Feb.	März	April	Mai	Juni	Juli	Aug.	Sept.	Okt.	Nov.	Dez.
Tagestemperaturen in °C	12	13	16	19	22	26	29	28	25	20	16	13
Nachttemperaturen in °C	4	5	7	10	13	16	19	19	17	12	8	5
Sonnenschein Stunden/Tag	5	6	7	8	9	9	10	9	8	6	5	4
Niederschlag Tage/Monat	7	6	8	7	9	7	5	6	7	8	6	9
Wassertemperaturen in °C	12	12	12	13	15	18	20	21	20	17	15	13

 Sonnenschein Stunden/Tag Niederschlag Tage/Monat Wassertemperaturen in °C

man *0033*, dann die Teilnehmernummer, ohne Null am Anfang.

Es gibt vier große Anbieter in Frankreich – *Orange (www.orange.com)*, *SFR (www.sfr.fr)*, *Free (free.fr)* und *Bouygues (www.bouyguestelecom.fr)* –, die zum Teil unterschiedliche Reichweiten haben. Für Gespräche innerhalb Frankreichs kann es sich lohnen, eine Karte dieser Anbieter zu kaufen, auch wenn die Roaminggebühren abgeschafft wurden. Vorsicht: In manchen Regionen wie den Schluchten des Tarn oder Le Pont-de-Montvert oder in manchen Tälern der Pyrenäen finden mobile Telefone kein Netz!

TRINKGELD

Im Restaurant wird nach oben bis zu zehn Prozent aufgerundet; den Betrag lässt man auf dem Tisch liegen. Im Hotel gibt man bei besonderen Dienstleistungen dem Portier und dem Zimmerservice ein Trinkgeld, ebenso bei längerem Aufenthalt dem Zimmermädchen. Im Taxi sind zehn Prozent üblich.

UNTERKUNFT

Weil das Languedoc-Roussillon eine typische Ferienregion ist, sind die Preisunterschiede zwischen der Hochsaison im Juli/August und den ruhigeren Monaten enorm. In der Hauptreisezeit der Franzosen sind die Hotelzimmer oder auch die Ferienhäuser oft doppelt so teuer als an Pfingsten oder im Oktober.

Internationale Hotelketten haben selbst in Städten wie Montpellier zum Teil ein sehr gutes Preis-Leistungs-Verhältnis bieten. Dasselbe gilt für die weit verbreiteten Häuser der Kette *Logis de France (www.logishotels.com)*.

Im Gegensatz zu Hotels ist in den meisten privaten Gästezimmern das Frühstück im Preis inbegriffen. Relativ strenge Normen gelten für die *chambres d'hôtes des Gîtes de France (www.gites-de-france.com)*, die sogar eine Nummer für Reservierungen in letzter Minute *(Allo Chambres d'Hôtes | Tel. 08 91 16 22 22)* eingerichtet haben. Die lokalen Verkehrsämter führen Adressen für die französische Version des Bed & Breakfast. Weitere Dachverbände für Gästezimmer in Frankreich sind *Fleurs de Soleil (www.fleursdesoleil.fr)* oder *Clévacances (www.clevacances.com)*.

Eine Fülle von Adressen, zum Teil auch von Biobauernhöfen, bietet der Nationalverband *Accueil Paysan (www.accueil-paysan.com)*. So sind nicht nur klassische Gästezimmer, sondern vor allem die in Frankreich sehr beliebten Ferienwohnungen auf dem Land *(gîte rural)* in ihrem Programm, die oft erst ab einer Mietzeit von einer Woche, normalerweise von Samstag bis Samstag, gebucht werden können.

Größter französischer Anbieter für Ferienimmobilien ist *Pierre & Vacances (www.pierreetvacances.com)*, zu den größten deutschen Anbietern gehört *Inter-Chalet (www.interchalet.de)*. Ganze Häuser gibt es von Privatleuten unter *www.homelidays.com* zu mieten. Jugendherbergen *(www.fuaj.org)* gibt es in der Region Languedoc-Roussillon zum Beispiel in Montpellier, in der mittelalterlichen Cité von Carcassonne, in Nîmes, Perpignan und Sète.

ZOLL

Innerhalb der EU dürfen Sie Waren für den privaten Bedarf frei ein- und ausführen. Richtwerte hierfür sind zum Beispiel 800 Zigaretten, 1 kg Tabak und 10 l Spirituosen. Für Schweizer gelten erheblich niedrigere Freimengen. Aktuelle Informationen finden Sie unter *www.zoll.de* und *www.ezv.admin.ch*.

SPRACHFÜHRER FRANZÖSISCH

AUSSPRACHE

Zur Erleichterung der Aussprache sind alle französischen Wörter mit einer einfachen Aussprache in eckigen Klammern versehen.

AUF EINEN BLICK

ja/nein/vielleicht	oui [ui]/non [nong]/peut-être [pöhtätr]
bitte/danke	s'il vous plaît [ßil wu plä]/merci [märßih]
Gute(n)/Morgen!/Tag!/ Abend!/Nacht!	Bonjour! [bongschuhr]/Bonjour! [bongschuhr]/ Bonsoir! [bongßoar]/Bonne nuit! [bonn nüi]
Hallo!/Auf Wiedersehen!/ Tschüss!	Salut! [ßalü]/Au revoir! [o rövoar]/Salut! [ßalü]
Entschuldigung!	Pardon! [pardong]
Ich heiße ...	Je m'appelle ... [schö mapäll ...]
Ich komme aus ...	Je suis de ... [schö süi dö ...]
Darf ich ...?	Puis-je ...? [püi schö ...]
Wie bitte?	Comment? [kommang]
Ich möchte .../Haben Sie?	Je voudrais ... [schö wudrä]/Avez-vous? [aweh wu]
Wie viel kostet ...?	Combien coûte ...? [kombjäng kuht ...?]
Das gefällt mir (nicht).	Ça (ne) me plaît (pas). [ßa (nö) mö plä (pa)]
gut/schlecht/kaputt	bon [bong]/mauvais [mowä]/cassé [kaßeh]
zu viel/viel/wenig	trop [troh]/beaucoup [bokuh]/peu [pöh]
alles/nichts	tout [tuh]/rien [riäng]
Hilfe!/Achtung!	Au secours! [o ßökuhr]/Attention! [attangßjong]
Polizei/Feuerwehr/ Krankenwagen	police [poliß]/pompiers [pompieh]/ ambulance [ambülangß]

DATUMS- & ZEITANGABEN

Montag/Dienstag	lundi [längdi]/mardi [mardi]
Mittwoch/Donnerstag	mercredi [märcrödi]/jeudi [schödi]
Freitag/Samstag/ Sonntag	vendredi [vangdrödi]/samedi [ßamdi]/ dimanche [dimangsch]
Werktag/Feiertag	jour ouvrable [schur uwrabl]/jour férié [schur ferieh]
heute/morgen/gestern	aujourd'hui [oschurdüi] /demain[dömäng]/hier [jähr]
Stunde/Minute	heure [öhr]/minute [minüt]
Tag/Nacht/Woche	jour [schur]/nuit [nüi]/semaine [ßömän]
Monat/Jahr	mois [moa]/année [aneh]

Tu parles français?

„Sprichst du Französisch?“ Dieser Sprachführer hilft Ihnen, die wichtigsten Wörter und Sätze auf Französisch zu sagen

Wie viel Uhr ist es?	Quelle heure est-t-il? [käl ör ät il]
Es ist drei Uhr.	Il est trois heures. [il ä troasör]
Es ist halb vier.	Il est trois heures et demi. [il ä troasör e dömi]
Viertel vor vier	quatre heures moins le quart [katrör moäng lö kar]
Viertel nach vier	quatre heures et quart [katrör e kar]

UNTERWEGS

offen/geschlossen	ouvert [uwär]/fermé [färmeh]
Eingang/Einfahrt	entrée [angtreh]
Ausgang/Ausfahrt	sortie [ßorti]
Abfahrt/Abflug/Ankunft	départ [depahr]/départ [depahr]/arrivée [arriweh]
Toiletten/Damen/Herren	toilettes [toalett]/femmes [famm]/hommes [omm]
(kein) Trinkwasser	eau (non) potable [o (nong) potabl]
Wo ist ...?/Wo sind ...?	Où est ...? [u ä ...]/Où sont ...? [u ßong ...]
links/rechts	à gauche [a gohsch]/à droite [a droat]
geradeaus/zurück	tout droit [tu droa]/en arrière [ong arriähr]
nah/weit	près [prä]/loin [loäng]
Bus/Straßenbahn/ U-Bahn/Taxi	bus [büß]/tramway [tramwäi]/métro [mehtro]/taxi [takßi]
Haltestelle/Taxistand	arrêt [arrä]/station de taxi [ßtaßjong dö takßi]
Parkplatz/Parkhaus	parking [parking]
Stadtplan/[Land-]Karte	plan de ville [plang dö vil]/carte routière [kart rutjähr]
Bahnhof/Hafen/Flughafen	gare [gahr]/port [pohr]/aéroport [aeropohr]
Fahrplan/Fahrschein	horaire [orär]/billet [bije]
einfach/hin und zurück	aller simple [aleh ßämpl]/aller-retour [aleh rötuhr]
Zug/Gleis/Bahnsteig	train [träng]/voie [woa]/quai [käh]
Ich möchte ... mieten.	Je voudrais louer ... [schö wudräh lueh ...]
ein Auto/ein Fahrrad/ ein Boot	une voiture [ün woatür]/un vélo [äng weloh]/ un bateau [äng batoh]
Tankstelle	station d'essence [ßtaßjong deßangß]
Benzin/Diesel	essence [eßangß]/diesel [diesäl]
Panne/Werkstatt	panne [pann]/garage [garahsch]

ESSEN & TRINKEN

Die Speisekarte, bitte.	La carte, s'il vous plaît. [la kart ßil wu plä]
Könnte ich bitte ... haben?	Puis-je avoir ... s'il vous plaît? [püischö awoar ... ßil wu plä]
Flasche/Karaffe/Glas	bouteille [buteij]/carafe [karaf]/verre [wär]
Messer/Gabel/Löffel	couteau [kutoh]/fourchette [furschät]/cuillère [küijär]
Salz/Pfeffer/Zucker	sel [ßäl]/poivre [poawr]/sucre [ßükr]

Essig/Öl	vinaigre [winägr]/huile [üil]
Milch/Sahne/Zitrone	lait [lä]/crème [kräm]/citron [ßitrong]
kalt/versalzen/nicht gar	froid [froa]/trop salé [tro ßaleh]/pas cuit [pa küi]
mit/ohne Eis/Kohlensäure	avec [awäk]/sans [ßang] glaçons/gaz [glaßong/gaß]
Vegetarier(in)	végétarien(ne) [weschetarijäng/weschetarijänn]
Ich möchte zahlen, bitte.	Je voudrais payer, s'il vous plaît. [schön wudrä pejeh, ßil wu plä]
Rechnung/Quittung	addition [adißjong]/reçu [rößü]

EINKAUFEN

Apotheke/Drogerie	pharmacie [farmaßi]/droguerie [drogöri]
Bäckerei/Markt	boulangerie [bulangschöri]/marché [marscheh]
Einkaufszentrum	centre commercial [ßangtre komerßial]
Kaufhaus	grand magasin [grang magasäng]
100 Gramm/1 Kilo	cent grammes [ßang gramm]/un kilo [äng kilo]
teuer/billig/Preis	cher [schär]/bon marché [bong marscheh]/prix [pri]
mehr/weniger	plus [plüß]/moins [moäng]
aus biologischem Anbau	de l'agriculture biologique [dö lagrikültür bioloschik]

ÜBERNACHTEN

Ich habe ein Zimmer reserviert.	J'ai réservé une chambre. [scheh reserweh ün schangbr]
Haben Sie noch ...?	Avez-vous encore ...? [aweh wusangkor ...]
Einzel-/Doppelzimmer	chambre simple/double [schangbr ßämplö/dublö]
Frühstück	petit déjeuner [pöti deschöneh]
Halbpension/Vollpension	demi-pension [dömi pangßjong]/pension complète [pangßjong komplät]
Dusche/Bad	douche [dusch]/bain [bäng]
Balkon/Terrasse	balcon [balkong] /terrasse [teraß]
Schlüssel/Zimmerkarte	clé [kleh]/carte magnétique [kart manjetik]
Gepäck/Koffer/Tasche	bagages [bagahsch]/valise [walis]/sac [ßak]

BANKEN & GELD

Bank/Geldautomat/ Geheimzahl	banque [bangk]/guichet automatique [gischeh otomatik]/code [kodd]
bar/Kreditkarte	comptant [komtang]/carte de crédit [kart dö kredi]
Banknote/Münze	billet [bijeh]/monnaie [monä]

GESUNDHEIT

Arzt/Zahnarzt/Kinderarzt	médecin [medßäng]/dentiste [dangtißt]/pédiatre [pediatrö]
Krankenhaus/Notfallpraxis	hôpital [opital]/urgences [ürschangß]

Fieber/Schmerzen	fièvre [fiäwrö]/douleurs [dulör]
Durchfall/Übelkeit	diarrhée [diareh]/nausée [noseh]
Sonnenbrand	coup de soleil [ku dö ßolej]
entzündet/verletzt	enflammé [angflameh]/blessé [bleßeh]
Pflaster/Verband	pansement [pangßmang]/bandage [bangdahsch]
Salbe/Schmerzmittel	pommade [pomad]/analgésique [analschesik]

TELEKOMMUNIKATION & MEDIEN

Briefmarke	timbre [tämbrö]
Brief/Postkarte	lettre [lätrö]/carte postale [kart poßtal]
Ich brauche eine Telefonkarte fürs Festnetz.	J'ai besoin d'une carte téléphonique pour fixe. [scheh bösoäng dün kart telefonik pur fiekß]
Ich suche eine Prepaidkarte für mein Handy.	Je cherche une recharge pour mon portable. [schö schärsch ün röscharsch pur mong portablö]
Wo finde ich einen Internetzugang?	Où puis-je trouver un accès à internet? [u püische truweh äng akßä a internet]
wählen/Verbindung/besetzt	composer [komposeh]/connection [konekßiong]/occupé [oküpeh]
Steckdose/Ladegerät	prise électrique [pris elektrik]/chargeur [scharschör]
Computer/Batterie/Akku	ordinateur [ordinatör]/batterie [battri]/accumulateur [akümülatör]
At-Zeichen	arobase [arobaß]
Internet-/E-Mail-Adresse	adresse internet/mail [adräß internet/mejl]
Internetanschluss/WLAN	accès internet [akßä internet]/wi-fi [wifi]
E-Mail/Datei/ausdrucken	mail [mejl]/fichier [fischjeh]/imprimer [ämprimeh]

FREIZEIT, SPORT & STRAND

Strand	plage [plahsch]
Sonnenschirm/Liegestuhl	parasol [paraßol]/transat [trangßat]
Ebbe/Flut/Strömung	marée basse [mareh baß]/marée haute [mareh ot]/courant [kurang]
Seilbahn/Sessellift	téléphérique [teleferik]/télésiège [teleßiäsch]
Schutzhütte/Lawine	refuge [röfüsch]/avalanche [avalangsch]

ZAHLEN

0	zéro [sero]	8	huit [üit]
1	un, une [äng, ühn]	9	neuf [nöf]
2	deux [döh]	10	dix [diß]
3	trois [troa]	20	vingt [väng]
4	quatre [katr]	100	cent [ßang]
5	cinq [ßänk]	1000	mille [mil]
6	six [ßiß]	½	un[e] demi[e] [äng/ühn dömi]
7	sept [ßät]	¼	un quart [äng kar]

REISEATLAS

Verlauf der Erlebnistour „Perfekt im Überblick"
Verlauf der Erlebnistouren

Der Gesamtverlauf aller Touren ist auch in der herausnehmbaren Faltkarte eingetragen

 Bild: Carcassonne

Unterwegs im Languedoc-Roussillon

Die Seiteneinteilung für den Reiseatlas finden Sie auf dem hinteren Umschlag dieses Reiseführers

Saint-Flour
Pinols
la Durande
Le Puy-en-Velay
Cantal
Ruynes-en-Margeride
Monts de la Margeride
Cascade Luchadoux
Gorges de l'Allier
Monts du Devès
Les Ternes
Viaduc de Garabit
Saugues
Monistrol-d'Allier
Alleuze
Château d'Alleuze
Faverolles
Loubaresse
Paulhac-en-Margeride
Cayres
Haute-Loire
Montchauvet
Esplantas
Alleyras
Bge de Grandval
La Lozère
La Garde
Circuit de la Verveine
St-Haon
Chemin de St-Jacques
Le Malzieu-Ville
Chaudes-Aigues
Circuit des Gentianes
Fournels
St-Chély d'Apcher
Laval-Atger
Landos
St-Chély-d'Apcher
Rimeize
Saint-Alban-s.-Lim.
St-Denis-e.-M.
Grandrieu
Pradelles
St-Rémy-Chaudes-Aigues
Auroux
Barrage de Naussac
Chastanier
Aumont-Aubrac
La Villedieu
Malbouzon
Serverette
St-Urcize
Prinsuéjols
Arzenc-de-Randon
Saint-Amans
Nasbinals
la Baume
Le Buisson
Colagne
Sign. de Randon
Châteauneuf-de-Randon
Chaudeyrac
Recoules-du-Fumas
Aubrac
Signal de Mailhebiau
Parc à Loups du Gévaudan
Plat. Palais du Roi
le Moure de la Gardille
Antrenas
Allier
Lozère
Marvejols
Badaroux
Chasseradès
Montagne du Goulet
St-Geniez-d'Olt
Le Monastier
Chirac
Barjac
Mende
Lanuéjols
Bagnols-les-Bains
Le Bleymard
Saint-Germain-du-Teil
Lot
Chanac
St-Saturnin-de-Lenne
La Canourgue
Banassac
Col de Montmirat
Sommet de Finiels
Mont Lozère
Campagnac
Causse de Sauveterre
Causse de Séverac
Rocheblave
Languedoc
l'Aveyron
Cirque des Beaumes
Ste-Enimie
Quézac
Le Pont-de-Montvert
Mgne du Bougès
Séverac
Séverac-le-Château
Point Sublime
La Caze
La Malène
Prades
Florac
Le Massegros
Les Causses et les Cévennes
Cassagnas
Les Vignes
Gorges du Tarn
les Détroits
Causse Méjan
Parc Nat.
Barre-des-Cévennes
Engayresque
Hures-la-Parade
Aven Armand
Vébron
St-Pierre-des-Tripiers
Grotte de Dargilan
Midi-Pyrénées
St-Germain-de-Calberte
Gamasse
Le Rozier
Jonte
des Cévennes
Corniche des Cévennes
Chaos de Montpellier-le-Vieux
Meyrueis
Saint-André-de-Valborgne
Aguessac
Causse Noir
Lanuéjols
Parc
La Roque-Ste-Marguerite
Mt Aigoual
L'Estréchure
Millau
Dourbie
Tour
Viaduc de Millau
Nat.
L'Espérou
Trèves
Valleraugue
Camp Larzac
Trévezel
Dourbies
Lasalle
St-Rome-de-Cernon
La Cavalerie
St-Jean-du-Bruel
Montagne de Lingas
Montagne de la Fage
Baumescure
Nant
Roquefort-s.-S.
Causse
Sauclières
Alzon
Le Vigan
La Cavalerie
Rég.
L'Hospitalet-du-Larzac
Cornus
Ganges
Aveyron
La Couvertoirade
Montdardier
Blandas
St-Bauzille-de-Putois
Grotte des Demoiselles
Causse du Larzac
St-Félix-d.-S.
Cornus
Cirque de Navacelles
Pompignan
Grands
Sorgues
Montpaon
Le Caylar
Le Caylar
Montagne de la Séranne
Tunnel de l'Escalette
St-Félix-de-l'Héras
Madières
Hérault
N.-D.-de-Londres
Bge d'Avène
Ceilhes-et-Rocozels
P.-de-l'Escalette
Soubès
Lodève-Nord
P. St-Michel-de-Grandmont
St-Martin-de-Londras
St-Mathieu-de-Tréviers
Avène

D
E
F
Saint-Julien-Chapteuil
Mont du Meygal
Mazet-St-Voy
Saint-Agrève
Lamastre
Le Crestet
les Fayes
Saint-Péray
Valence
St-Front
le-Monastier-sur-Gazeille
St-Martin-de-Valmas
Les Estables
Mt Mézenc
Le Cheylard
Alboussières
Vernoux-
Soyons
Portes-
Le Béage
les Jalades
St-Martial
Gerbier de Jonc
Source de la Loire
Pierre-Gourde
P.-lès-Valence
Beauchastel
St-Sauveur-de-Mont.
St-Laurent-du-Pape
Mézilhac
Saint-Pierreville
Ollières-sur-Eyrieux
La Voulte-s.-Rh.
Livron-s.-Drôme
Ardèche
St-Cirgues-en-Montagne
le Pouzin
Loriol-s.-D.
Privas
Lanarce
Burzet
Montpezat-s/s.-B.
Antraigues-s.-Vol.
Chomérac
Baix
Saulce-
Thueyts
Pont-Labeaume
Mayres
Serre de la Croix de Bauzon
Vals-les-Bains
Plateau du Coiron
Cruas
Jaujac
Lalevade-d'Ardèche
Aubenas
Vesseaux
Meysse
Loubaresse
Valgorge
Saint-Jean-le-Centenier
Rochemaure
Sauzet
Lachapelle-s/s.-A.
Montélimar
Largentière
Vogüé
Villeneuve-de-Berg
Alba-la-Romaine
Le Teil
Bâtie-Rolland
Sablières
Drobie
Montagne de Berg
Malataverne
Montélimar-Sud
Joyeuse
Valvignères
Viviers
Lablachère
Ruoms
Gras
Donzère
Drôme
Valaurie
Vallon-Pont-d'Arc
Grotte Chauvet
Saint-Remèze
Vans
Bourg-St-Andéol
Pierrelatte
Autoroute du Soleil
Roussillon
Pont d'Arc
Aven d'Orgnac
Gorges de l'Ardèche
Saint-Paul-le-Jeune
St-Paul-T-C
Usine atomique
Barjac
Orgnac-l'Aven
St-Martin-d'Ard.
St-Just
Lapalud
Bollène
Bessèges
St-Ambroix
Laval-St-Roman
Suze-la-Rousse
Le Martinet
Pont-Saint-Esprit
Vaucluse
Les Mages
St-Jean-de-Mar.-et-Avéjan
Mornas-les-Adrets
Sérignan-du-Comtat
La Grand-Combe
Goudargues
Mornas
Allègre
Piolenc
Salindres
Bouget
St-Marcel-d.-C.
Mornas-Village
Orange
Lussan
Bagnols-sur-Cèze
Alès
Seynes
Cavillargues
Orsan
Courthézon
Méjannes-lès-Alès
St-Laurent-la-Vernède
Connaux
St-Christol-lès-Alès
Foissac
St-Quentin-la-Poteri
Châteauneuf-du-Pape
Vézénobres
Pouzilhac
Roquemaure
Uzès
Valliguières
Tavel
Sorgues
Lédignan
Villeneuve-l.-Av.
Saint-Chaptes
Monplaisir
Remoulins
Avignon
Pont du Gard
Quissac
La Calmette
La Languedocienne
St-Mamert-du-Gard
Crespian
Marguerittes
Châteaurenard
NÎMES
Graveson
Languedoc
Caveirac
Comps
Bouches-
Beaucaire
Tarascon
Manduel
St-Rémy-de-Provence
Calvisson
St-Etienne-du-Grés
Sommières
St-Bauzille-d.-Montmel
Chaîne des Alpilles
R. de Glanum
Boisseron
10 km
6.21 mi
141

138
143
Millau
Viaduc de Millau
Saint-Affrique
Parc Naturel Régional des Grands Causses
Causse du Larzac
Causse Noir
Cévennes
Le Vigan
Lodève
Tunnel de l'Escalette
Languedoc-Roussillon
Midi-Pyrénées
Aveyron
Hérault
Aude
Bédarieux
Clermont-l'Hérault
Gignac
Pézenas
Béziers
Agde
Le Cap-d'Agde
Narbonne
Gruissan
Sigean
Port-la-Nouvelle
Parc Naturel Narbonnaise en Méditerranée
Leucate-Plage
Bassin de Thau
Mèze
Golfe
MER
A75
A9
A61
A750
E11
E15
Tanjah (Tangar)

D
E
F
1
2
3
4
5
6
Soustelle
Grotte de Trabuc
Alès
Salindres
Bouget
Lussan
Bagnols-sur-Cèze
Orsan
Saint-Jean-du-Gard
St-Christol-lès-Alès
Méjannes-lès-Alès
Seynes
St-Marcel-d.-C.
Cavillargues
St-Laurent-la-Vernède
Connaux
Lasalle
Anduze
Vézénobres
Foissac
St-Quentin-la-Poterie
Pouzilhac
Tornac
Uzès
Valliguières
Saint-Hippolyte-du-Fort
Lédignan
Moussac
Tavel
Vidourle
Monplaisir
Saint-Chaptes
Remoulins
Sauve
Gard ou Gardon
Pont du Gard
Grotte des Demoiselles
Quissac
St-Mamert-du-Gard
La Calmette
La Languedocienne
Pompignan
Crespian
Marguerittes
Corconne
N.-Est
N.-D.-de-Londres
NÎMES
Comps
Valflaunès
St-Bauzille-d.-Montmel
Caveirac
N.-Ouest
Manduel
Beaucaire
Tarascon
Calvisson
Sommières
N.-Centre
Rhône
St-Mathieu-de-Tréviers
Boisseron
Gallargues
Uchaud
Bellegarde
Matelles
Ambrussum
N.-Garons
Générac
Abb. de Montmajour
Assas
Malrives
Lunel
Mas Pérouse
Gély-Fesc
Castries
Aimargues
Vauvert
St-Gilles/Vauvert
Vendargues
Le Crès
Lunel
St-Gilles
Arles
MONTPELLIER
St-Laurent-d'Aigouze
Chemin de St-Jacques
M.-Est
Étang de Mauguio ou de l'Or
Vidourle
Tour Carbonnière
Albaron
Brunet
St-Jean-de-Védas
Petit Rhône
Canal du Rhône
Parc Naturel Régional de Camargue
Plaine de la Camargue
Lattes
MPL
La Grande-Motte
Aigues-Mortes
Carnon-Plage
Le Grau-du-Roi
Étang-de-Vaccarès
Palavas-les-Flots
Golfe d'Aigues-Mortes
Bouches-du-Rhône
Étang de Vic
Pointe de l'Espiguette
Frontignan
Saintes-Maries-de-la-Mer
Golfe de Beauduc
fe du Lion
DITERRANÉE
10 km
6.21 mi

Blagnac
TOULOUSE
Le Palays
Lanta
Castanet-Tolosan
Lacougotte-Cadoul
Saint-Paul-Cap-de-Joux
Château de Cuq
Chemin de St-Jacques
Vielmur-sur-Agout
Cuq-Toulza
338
Puylaurens
Soual
Labruguière
Caraman
Haute-Garonne
Pinsaguel
Fourquevaux
Montgiscard
Varennes
St-Félix-Lauragais
Revel
Dourgne
Montgiscard
Vernet
Autoroute des 2 Mers
Nailloux
Villefranche-de-Lauragais
Avignonet-Lauragais
Montagne
Cammazes
Auterive
Bouisson
Monestrol
Labastide-d'Anjou
Port-Lauragais
Saissac
St-Papoul
Brousses-et-Villaret
Castelnaudary
Cintegabelle
Caujac
Salles-sur-l'Hers
Castelnaudary
Villepinte
Montolieu
Alzonne
Calmont
Fendeille
Bram
Gaillac-Toulza
Mazères
Mazères/Saverdun
Peyrefitte-sur-l'Hers
Villasavary
Saverdun
Montréal
Carcassonne-Arzens
C.-Ouest
Belpech
Fanjeaux
le Vernet
le Fossat
Saint-Martin-d'Oydes
Plaigne
Ribouisse
Montgrenier
P.-Nord
la Bastide-de-Lordat
Cailhau
Escosse
P.-Sud
St.-Gaudéric
Pailhès
Pamiers
les Pujols
Teilhet
Alaigne
Varilhes
Besset
Mirepoix
Moulin-Neuf
Limoux
la Bastide-de-Sérou
Loubens
Dun
la Bastide-de-Bousignac
Lagarde
St.-Benoît
Ajac
Laval
Chalabre
Carla-de-Roquefort
Serres-
Laroque-d'Olmes
Ariège
le Bosc
Foix (380)
Nalzen
Lavelanet
Puivert
Espéraza
Prat-Pré-Communal
St.-Paul-de-Jarrat
Villeneuve-d'Olmes
Bélesta
Route des
Quillan
Saurat
Tarascon-sur-Ariège
Château de Montségur
Montségur
Cazenave
Pic de Saint Barthélemy
2348
Lordat
Défilé d'Able
Grotte de Lombrive
Prades
Défilé d'Adouxes
Vicdessos
Grotte de Niaux
Caussou
Axat
Les Cabannes
Lassur
Route des Pyrénées
Roquefort-de-Sault
Mijanès
Carcanières
PYRÉNÉES
Marc
Ax-les-Thermes
Quérigut
Pica d Estats 3145
2255
Tute de l' Ours
Mérens-les-Vals
Puyvalador
Madrès 2469
Parc Nat. de les Valls de Coma Pedrosa
Parc Nat. de la Vall de Sorteney
Formiguères
El Serrat
l'Hospitalet
ANDORRA
Ransol
Col de Puymorens (1915)
Pic Carlit 2921
les Angles
Santuari de Meritxell
Soldeu
Arinsal
Tunnel-de-Puymorens
Thuès-entre-Valls
Olette
Encamp
Port d' Envalira (2407)
Porté-Puymorens
Font-Romeu
Pic dels Pessons 2865
Dorres
Fontpédrouse
Andorra la Vella
Vall del Madriu-Perafita-Claror
Llivia
Mont-Louis
Meranges
Saillagouse
Puigcerda
Castell de Queralt
Bourg-Madame
Ger
Orient
Bescaran
Osséja
ESPAÑA
Llès
Anserall
Aristot
Santuari de Núria
la Seu d'Urgell
Martinet
Bellver de Cerdanya
la Molina
Queralbs

D
E
F
140
10 km
6.21 mi
1
2
3
4
5
6
Brassac
Parc Nat. Rég. du Haut-Languedoc
Fraisse-sur-Agout
St-Gervais-s.-M.
Orb
Chemin de St-Jacques
Bédarieux
St-Salvy-de-la-Balme
Agout
La Salvetat-sur-Agout
Hérépian
Faugères
Le Rialet
Anglès
Colombières-s.-Orb
Espinouse
Olargues
Laurens
Hérault
Labastide-Rouairoux
St-Pons-d.-T.
Comiou
Col de Rodomouls
Roquebrun
Magalès
St-Amans-Soult
Murviel-l.-B.
Cessenon-s.-O.
Abb. de Fontcaude
Montagne Noire
Cassagnoles
St-Chinian
Cozouls-lès-Béziers
Béziers
Citou
Puisserguier
Cesse
Minerve
Capestang
Lastours
Caunes-Minervois
Minervois
Aigne
Écluses
Oppidum d'Ensérune
B.-Ouest
Olonzac
Conques-s.-Orbiel
Rieux-M.
Homps
Ginestas
Cuxac-d'Aude
Lespignan
Carcassonne
Canal du Midi
La Languedocienne
Trèbes
Capendu
Lézignan-Corbières
Villedaigne
Coursan
Fleury
Narbonne
Aude
Narbonne-Vinassan
C.-Est
Moux
Ornaisons
St-Pierre-sur-Mer
Corbières
Autoroute de 2 Mers
Lézignan
Fontfroide
N.-Est
Narbonne-Plage
Monze
Montlaur
Fabrezan
N.-Sud
Étang de Bages et de Sigean
Prat-de-Cest
Gruissan
Gruissan-Plage
Lagrasse
St-Laurent-de-la-Cabrerisse
Montséret
Thézan-des-Corbières
Portel-des-Corbières
Étang de l'Ayrolle
St-Martin-des-Puits
Aude
Sigean
Parc Naturel Narbonnaise en Méditerranée
Villardebelle
Villerouge-Termenès
La Languedocienne-La Catalane
Port-la-Nouvelle
Durban-Corbières
La Palme
Mouthoumet
Maisons
St.-Jean-de-Barrou
Leucate
Les Corbières
Treilles
Leucate-Plage
Château de Peyrepertuse
Opoul-Périllos
Fitou
Cubières-s.-Cinable
Tuchan
Padern
Vingrau
Port-Leucate
Château Fort de Salses
St.-Paul-de-Fenouillet
Château Quéribus
Centre europ. de Préhistoire
Salses
Port-Barcarès
Maury
Tautavel
Rasiguères
Rivesaltes
P.-Nord
le Barcarès
Ansignan
Latour-de-France
Estagel
Baixas
St.-Laurent-de-la-Salanque
Sournia
Bélesta
PERPIGNAN
PGF
Pia
Trévillach
Saint-Estève
Ste.-Marie-Plage
Pyrénées
Pézilla-la-Rivière
Canet-en-Roussillon
Montalba-le-Château
Millas
Cabestany
Canet-Plage
Ille-sur-Têt
Toulouges
Alenya
Vinça
Bouleternère
P.-Sud
St.-Cyprien-Plage
Pr. de Serrabone
Castelnou
Thuir
Bages
Côte Vermeille
Boule-d'Amont
Forques
Elne
Village Catalan
Abb. d. St. Michel d. Cuxa
Roussillon
Argelès-s.-Mer
Argelès-Plage
Vernet-les-Bains
Llauro
Le Boulou
Brouilla
Abb. de St. Martin du Canigou
Valmanya
Calmeilles
St.-Genis-des-Fontaines
Collioure
Pic du Canigou
le Boulou
Céret
Port-Vendres
Pyrénées-Orientales
Corsavy
le Perthus
Banyuls-s.-Mer
Castell de Requesens
Gorges de la Fou
Arles-s.-Tech
Amélie-les-Bains-Palalda
Cerbère
Prats-de-Mollo
le Tech
Aduana
Cantallops
La Jonquera
Portbou
Maçanet de Cabrenys
la Jonquera
Sant Climent Sescebes
St.-Laurent-de-Cerdans
Col d'Ares
Coustouges
Castell de Quermançó
Llançà
Lamanère
A9
A61
E80
E15
AP7
N260

KARTENLEGENDE

18 26	Autobahn mit Anschlussstellen Motorway with junctions
	Autobahn in Bau Motorway under construction
	Mautstelle Toll station
	Raststätte mit Übernachtung Roadside restaurant and hotel
	Raststätte Roadside restaurant
	Tankstelle Filling-station
	Autobahnähnliche Schnellstraße mit Anschlussstelle Dual carriage-way with motorway characteristics with junction
	Fernverkehrsstraße Trunk road
	Durchgangsstraße Thoroughfare
	Wichtige Hauptstraße Important main road
	Hauptstraße Main road
	Nebenstraße Secondary road
	Eisenbahn Railway
	Autozug-Terminal Car-loading terminal
	Zahnradbahn Mountain railway
	Kabinenschwebebahn Aerial cableway
	Eisenbahnfähre Railway ferry
	Autofähre Car ferry
	Schifffahrtslinie Shipping route
	Landschaftlich besonders schöne Strecke Route with beautiful scenery
Alleenstr.	Touristenstraße Tourist route
XI-V	Wintersperre Closure in winter
	Straße für Kfz gesperrt Road closed to motor traffic
8%	Bedeutende Steigungen Important gradients
	Für Wohnwagen nicht empfehlenswert Not recommended for caravans
	Für Wohnwagen gesperrt Closed for caravans
	Besonders schöner Ausblick Important panoramic view
Wartenstein Umbalfälle	Sehenswert: Kultur - Natur Of interest: culture - nature
	Badestrand Bathing beach
	Nationalpark, Naturpark National park, nature park
	Sperrgebiet Prohibited area
	Kirche Church
	Kloster Monastery
	Schloss, Burg Palace, castle
	Moschee Mosque
	Ruinen Ruins
	Leuchtturm Lighthouse
	Turm Tower
	Höhle Cave
	Ausgrabungsstätte Archaeological excavation
	Jugendherberge Youth hostel
	Allein stehendes Hotel Isolated hotel
	Berghütte Refuge
	Campingplatz Camping site
	Flughafen Airport
	Regionalflughafen Regional airport
	Flugplatz Airfield
	Staatsgrenze National boundary
	Verwaltungsgrenze Administrative boundary
	Grenzkontrollstelle Check-point
	Grenzkontrollstelle mit Beschränkung Check-point with restrictions
ROMA	Hauptstadt Capital
VENEZIA	Verwaltungssitz Seat of the administration
	MARCO POLO Erlebnistour 1 MARCO POLO Discovery Tour 1
	MARCO POLO Erlebnistouren MARCO POLO Discovery Tours
1	MARCO POLO Highlight MARCO POLO Highlight

FÜR IHRE NÄCHSTE REISE ...

ALLE **MARCO POLO** REISEFÜHRER

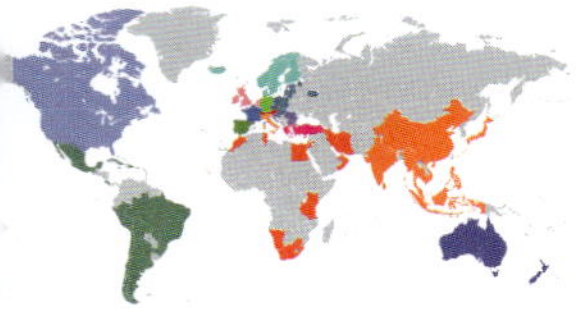

DEUTSCHLAND

Allgäu
Bayerischer Wald
Berlin
Bodensee
Chiemgau/ Berchtesgadener Land
Dresden/ Sächsische Schweiz
Düsseldorf
Eifel
Erzgebirge/ Vogtland
Föhr & Amrum
Franken
Frankfurt
Hamburg
Harz
Heidelberg
Köln
Lausitz/Spreewald/ Zittauer Gebirge
Leipzig
Lüneburger Heide/ Wendland
Mecklenburgische Seenplatte
Mosel
München
Nordseeküste Schleswig-Holstein
Oberbayern
Ostfriesische Inseln
Ostfriesland/Nordseeküste Niedersachsen/Helgoland
Ostseeküste Mecklenburg-Vorpommern
Ostseeküste Schleswig-Holstein
Pfalz
Potsdam
Rheingau/ Wiesbaden
Rügen/Hiddensee/ Stralsund
Ruhrgebiet
Schwarzwald
Stuttgart
Sylt
Thüringen
Usedom
Weimar

ÖSTERREICH SCHWEIZ

Kärnten
Österreich
Salzburger Land
Schweiz
Steiermark
Tessin
Tirol
Wien
Zürich

FRANKREICH

Bretagne
Burgund
Côte d'Azur/ Monaco
Elsass
Frankreich
Französische Atlantikküste
Korsika
Languedoc-Roussillon
Loire-Tal
Nizza/Antibes/ Cannes/Monaco
Normandie
Paris
Provence

ITALIEN MALTA

Apulien
Dolomiten
Elba/Toskanischer Archipel
Emilia-Romagna
Florenz
Gardasee
Golf von Neapel
Ischia
Italien
Italienische Adria
Italien Nord
Italien Süd
Kalabrien
Ligurien/ Cinque Terre
Mailand/ Lombardei
Malta & Gozo
Oberital. Seen
Piemont/Turin
Rom
Sardinien
Sizilien/ Liparische Inseln
Südtirol
Toskana
Venedig
Venetien & Friaul

SPANIEN PORTUGAL

Algarve
Andalusien
Azoren
Barcelona
Baskenland/ Bilbao
Costa Blanca
Costa Brava
Costa del Sol/ Granada
Fuerteventura
Gran Canaria
Ibiza/Formentera
Jakobsweg Spanien
La Gomera/ El Hierro
Lanzarote
La Palma
Lissabon
Madeira
Madrid
Mallorca
Menorca
Portugal
Spanien
Teneriffa

NORDEUROPA

Bornholm
Dänemark
Finnland
Island
Kopenhagen
Norwegen
Oslo
Schweden
Stockholm
Südschweden

WESTEUROPA BENELUX

Amsterdam
Brüssel
Cornwall & Devon
Dublin
Edinburgh
England
Flandern
Irland
Kanalinseln
London
Luxemburg
Niederlande
Niederländische Küste
Oxford
Schottland
Südengland

OSTEUROPA

Baltikum
Budapest
Danzig
Krakau
Masurische Seen
Moskau
Plattensee
Polen
Polnische Ostseeküste/ Danzig
Prag
Slowakei
St. Petersburg
Tallinn
Tschechien
Ungarn
Warschau

SÜDOSTEUROPA

Bulgarien
Bulgarische Schwarzmeerküste
Kroatische Küste Dalmatien
Kroatische Küste Istrien/Kvarner
Montenegro
Rumänien
Slowenien

GRIECHENLAND TÜRKEI ZYPERN

Athen
Chalkidikí/ Thessaloníki
Griechenland Festland
Griechische Inseln/ Ägäis
Istanbul
Korfu
Kos
Kreta
Peloponnes
Rhodos
Sámos
Santorin
Türkei
Türkische Südküste
Türkische Westküste
Zákinthos/Itháki/ Kefalloniá/Léfkas
Zypern

NORDAMERIKA

Chicago und die Großen Seen
Florida
Hawai'i
Kalifornien
Kanada
Kanada Ost
Kanada West
Las Vegas
Los Angeles
New York
San Francisco
USA
USA Ost
USA Südstaaten/ New Orleans
USA Südwest
USA West
Washington D.C.

MITTEL- UND SÜDAMERIKA

Argentinien
Brasilien
Chile
Costa Rica
Dominikanische Republik
Jamaika
Karibik/ Große Antillen
Karibik/ Kleine Antillen
Kuba
Mexiko
Peru & Bolivien
Yucatán

AFRIKA UND VORDERER ORIENT

Ägypten
Djerba/ Südtunesien
Dubai
Iran
Israel
Jordanien
Kapstadt/ Wine Lands/ Garden Route
Kapverdische Inseln
Kenia
Marokko
Marrakesch
Namibia
Oman
Rotes Meer & Sinai
Südafrika
Tansania/Sansibar
Tunesien
Vereinigte Arabische Emirate

ASIEN

Bali/Lombok/Gilis
Bangkok
China
Hongkong/Macau
Indien
Indien/Der Süden
Japan
Kambodscha
Ko Samui/ Ko Phangan
Krabi/ Ko Phi Phi/ Ko Lanta/Ko Jum
Malaysia
Myanmar
Nepal
Peking
Philippinen
Phuket
Shanghai
Singapur
Sri Lanka
Thailand
Tokio
Vietnam

INDISCHER OZEAN UND PAZIFIK

Australien
Malediven
Mauritius
Neuseeland
Seychellen

Viele MARCO POLO Reiseführer gibt es auch als eBook – und es kommen ständig neue dazu!
Checken Sie das aktuelle Angebot einfach auf: www.marcopolo.de/e-books

REGISTER

Im Register sind alle in diesem Reiseführer erwähnten Orte und Ausflugsziele verzeichnet. Gefettete Seitenzahlen verweisen auf den Haupteintrag.

SCHREIBEN SIE UNS!

Egal, was Ihnen Tolles im Urlaub begegnet oder Ihnen auf der Seele brennt, lassen Sie es uns wissen! Ob Lob, Kritik oder Ihr ganz persönlicher Tipp – die MARCO POLO Redaktion freut sich auf Ihre Infos.
Wir setzen alles dran, Ihnen möglichst aktuelle Informationen mit auf die Reise zu geben. Dennoch schleichen sich manchmal Fehler ein – trotz gründlicher Recherche unserer Autoren/innen. Sie haben sicherlich Verständnis, dass der Verlag dafür keine Haftung übernehmen kann.

MARCO POLO Redaktion
MAIRDUMONT
Postfach 31 51
73751 Ostfildern
info@marcopolo.de

IMPRESSUM
Titelbild: Pont du Gard (Look/age)
Fotos: BIP!: Ronan Mulet (18 M.); R. Freyer (66, 69); Gettyimages: B. De Hogues (51), B. Erlanson (3), H. G. Roth (118/119); Gettyimages/Yann Guichaoua-Photos (2); R. M. Gill (121, 124 o.); B. Göttlicher (75); huber-images: H.-G. Eiben (41); © iStockphoto: Robert Churchill (18. o.); Jungle Beach: Eric Sidobre (18 u.); laif: M. Gumm (30/31), B. Morandi (20/21), M. Riehle (4 o., 31, 32/33, 60); laif/Aurora: D. Clapp (70); laif/EXPRESS-REA: T. Dudoit (22/23); laif/GAMMA-RAPHO: B. De Hogues (12/13, 100/101), R. Deyrail (42); laif/hemis.fr: J.-M. Barrere (14), M. Cavalier (17, 56, 84/85, 107, 117), J.-P. Degas (29, 38, 83, 123), P. Frilet (52, 94), Frumm (79), P. Jacques (86), R. Mattes (62, 99), Rieger (5); laif/Le Figaro Magazine: Martin (65); laif/Loop Images: N. Isakova (136/137), K. Nah (37); laif/REA: A. Gelebart (6), P. Merimee (30), Parott (25); laif/robertharding: D. Clapp (48), M. Lange (Klappe r.), M. Mawson (Klappe l., 58/59), E. Rooney (7); Look: N. Kriwy (19 o.); Look/age (1 o.); mauritius images/Alamy (8, 10, 26/27, 55), S. Carruthers (19 u.), J. Knott (44), H. Maunder (1 u., 11, 110), G. Munday (80, 125), D. Zylberyng (122); mauritius images/Digitalman/Alamy (76, 104, 114/115); mauritius images/Foodanddrinkphotos: T. Hill (4 u., 28 l.); mauritius images/foodcollection (28 r.); mauritius images/Hemis.fr: P. Escudero (113), P. Jacques (93), R. Mattes (47, 96); mauritius images/Iconotec/Alamy (122/123); mauritius images/John Warburton-Lee: S. Egan (9); mauritius images/nature picture library/Wild Wonders of Europe: Arndt (34); mauritius images/Photononstop: G. Labriet (88), E. Teissedre (72); K. U. Müller (91, 124 u.)

8. Auflage 2018
Komplett überarbeitet und neu gestaltet

Chefredaktion: Marion Zorn
Autor: Axel Patitz; Bearbeiter: Peter Bausch, Hilke Maunder; Redaktion: Jens Bey
Verlagsredaktion: Lucas Forst-Gill, Susanne Heimburger, Johanna Jiranek, Nikolai Michaelis, Martin Silbermann, Kristin Wittemann, Tim Wohlbold
Bildredaktion: Gabriele Forst, Stefanie Wiese
Im Trend: wunder media, München
Kartografie Reiseatlas: © MAIRDUMONT, Ostfildern; Kartografie Faltkarte: © MAIRDUMONT, Ostfildern
Gestaltung Cover, S. 1, S. 2/3, Faltkartencover: Karl Anders – Büro für Visual Stories, Hamburg; Gestaltung innen: milchhof:atelier, Berlin; Gestaltung Erlebnistouren: Susan Chaaban Dipl.-Des. (FH)
Sprachführer: in Zusammenarbeit mit Ernst Klett Sprachen GmbH, Stuttgart, Redaktion PONS Wörterbücher

Printed in China

BLOSS NICHT

Ein paar Dinge, die Sie im Languedoc-Roussillon beachten sollten

UNVORBEREITET LOSZIEHEN

Das Languedoc-Roussillon ist ein großartiges Wandergebiet – von den Cevennen bis zu den Pyrenäen. In den Höhenlagen müssen Sie aber auch im Sommer mit plötzlichen Wetterumschwüngen rechnen, also nie allzu leicht bekleidet und ohne solides Schuhzeug losziehen! Das gilt auch für kürzere Bergwanderungen.

DIEBEN GELEGENHEIT BIETEN

Sie halten auf einem Parkplatz an der Küste oder in einem Badeort. Aufgepasst: Selbst ein kurzer Blick, ob am Strand noch ein schönes Plätzchen frei ist, kann teuer zu stehen kommen! Im Handumdrehen ist der Wagen ausgeräumt. Vorsicht auch, wenn ein anderer Autofahrer Ihnen unterwegs Zeichen macht, anzuhalten: Das kann ein Trick sein, mit dem Ganoven ihr Opfer zum Halten veranlassen wollen, um es dann auszurauben. Seien Sie in solchen (vermeintlichen) Pannensituationen besonders wachsam und lassen Sie sich nicht ablenken!

DRÄNGELN

Die Gorges du Tarn sind nicht nur landschaftlich atemraubend schön, sondern im Juli und August auch brechend voll mit Besuchern – sowohl zu Wasser wie zu Land. Wenn man auf der schmalen Uferstraße auf den gemütlich dahinzuckelnden Vordermann achten muss, hat man nicht mehr viel von der dramatischen Schönheit der Schlucht.

VERKÜHLT UNTER TAGE

Ein Grottenbesuch gehört zum Urlaub im Languedoc-Roussillon, sei es die berühmte Aven Armand, die Grotte des Demoiselles oder eine andere der zahlreichen Tropfsteinhöhlen. Vergessen Sie dabei nicht den warmen Pullover oder Anorak, denn die Temperatur unter Tage liegt je nach Grotte bei 8, 10 oder 12 Grad. Und da ist die Gefahr, sich zu erkälten, groß – besonders an warmen Sommertagen.

WILD CAMPEN

So verlockend ein schönes Plätzchen in freier Natur sein mag, um dort für eine Nacht sein Zelt aufzuschlagen – überlegen Sie sich besser dreimal, ob das wirklich sein muss. Viele Grundbesitzer sehen es ausgesprochen ungern. Schon anders verhält es sich, wenn Sie Gelegenheit haben, vorher um Erlaubnis zu fragen. In beiden Fällen gilt: Kommen Sie nicht auf die Idee, ein kleines Lagerfeuer zu entfachen! Die Gefahr von Waldbränden ist in ganz Südfrankreich im Sommer extrem hoch.

RASEN

Die französische Polizei kennt seit Jahren kein Pardon für Raser mehr. Es gibt häufig Radarkontrollen und wer bei – selbst geringfügigen – Geschwindigkeitsüberschreitungen ertappt wird, wird gleich zur Kasse gebeten. In schweren Fällen kann sogar an Ort und Stelle der Führerschein konfisziert werden!